100 JAAR BOUWKUNST IN AMSTERDAM

AN OUTLINE OF AMSTERDAM ARCHITECTURE SINCE 1900

100 JAAR BOUWKUNST IN AMSTERDAM

AN OUTLINE OF AMSTERDAM ARCHITECTURE SINCE 1900

Jaap Huisman • Michel Claus • Jan Derwig • Ger van der Vlugt

Koninklijke Maatschappij tot Bevordering der Bouwkunst
Bond van Nederlandse Architecten Kring Amsterdam

Architectura & Natura Amsterdam 1999

INTRODUCTION

The Wandering City: Amsterdam and its Move to the South

The first years of the 20th century seemed promising. Since 1896 the city had been in possession of a new area that until then belonged to the township of Nieuwer-Amstel. For years, if not centuries, there had been no real progress in terms of expanding the size of the capital. Until the mid-19th century the city had relatively little need for new ground because of depopulation and poor economic circumstances. But from 1870 onwards canals (e.g. the Noordzeekanaal) and railroads were constructed, and expansion gained momentum. The port developed and Central Station became an important junction, for trains as well as for trams.

The years from 1880 to well after 1900 were busy years, within and especially around the concentric ring of canals. With the construction of the Concertgebouw, Rijksmuseum, Stedelijk Museum, Central Station, the main post office, hospitals, and the first office buildings, the city shook off its small-scale character. The energy and creativity inherent to the construction was not limited to the last decade of the 19th century though. From the very first year of the new century this elan persisted, with an architect who went on to play a prominent role in Dutch architecture: the socialist architect H.P. Berlage. In 1900 he designed *Plan-Zuid,* an extension plan for the south of Amsterdam.

The leap to creating Amsterdam-Zuid could be taken. In 1905 the city council agreed to the plan. Once it had expanded to the south, the city would expand in other directions as well.

Amsterdam's form changed from that of a shell into that of a circle. However small, Amsterdam became a metropole - acquiring an underground, an airport on the horizon, a ring road - with much desired and equally much regretted major arterial roads and two tunnels, a handful of department stores and a skyscraper. All in all, the surface of Amsterdam increased sixfold.

Gains and Losses

A city that expands so extensively, invariably loses something. In a hundred years new distinct buildings and residential neighbourhoods emerged, while others were discarded or destroyed by fire or the sledgehammer. The century was only three years old when Zocher's Exchange was demolished. This building, at the head of the Damrak, the present location of the Bijenkorf department store, had survived less than a century. Was the demolition of this classical building, with its prominent columned gallery, a loss for the city? Hard to say, but what's for sure is that its successor, Berlage's Exchange, made history, and not only in the Netherlands. In 1903 it was the first truly modern building, displaying its iron construction openly to the viewer, and proud of its brick exterior. It is unbelievable that at a moment of weakness in the 20th century authorities considered demolishing the Exchange, as traders had left the building and cracks were discovered in the foundation.

The Exchange has survived the 20th century. This, however, was not the case for a handful of (neo-Gothic) churches plagued by low attendance, run-down storehouses on wharves boats no longer frequented, or railway stations that found themselves in unpractical locations due to new access roads.

The dynamic nature of the 20th century is reflected by the succession of demolition and construction, decay and resurrection, use and reuse. After Zocher's Exchange a host of large monuments fell into disuse. Take for example the Weesperplein and the Willemspoort railway stations, although the latter was lucky: the arch survived and now forms a prominent gateway at the end of the Haarlemmerstraat.

Fire and demolition

Tradition has it that of all the buildings ever lost in Amsterdam, that of the Paleis voor Volksvlijt on the Frederiksplein was regretted the most. It was considered a high point of 19th-century architecture - the 'Crystal Palace' of Amsterdam, built in 1882 by A. van Gendt, who would also design the Concertgebouw. The Paleis voor Volksvlijt, which resembled the Grand Palais in Paris, burnt down in the early morning of 18 April 1929. A blackened ruin and a relatively unharmed gallery were all that remained: the death blow came only some thirty years later. After 1968 the towers of the Nederlandsche Bank would forever erase all memories of the Paleis voor Volksvlijt, with its glass roof and domes.

Modern time is merciless when it comes to the past. It is what an eraser is to a blackboard, what a delete key is to a computer. What building preceded the present location of the Marriott Hotel on the Leidseplein? The huge Koepelkerk. The Rembrandt tower filled up the space left by the Blooker Cacao factories and a chemical factory. The questions seem endless; what building preceded the Ramada Renaissance Hotel on the Kattegat? The red bulwark of the daily newspaper Het

INLEIDING

De wandelende stad: Amsterdam en haar trek naar het zuiden

De 20ste eeuw begon veelbelovend. Al vier jaar was de gemeente Amsterdam in het bezit van een nieuw gebied, dat tot 1896 nog eigendom van de gemeente Nieuwer-Amstel was geweest. Eigenlijk zat er al jaren, om niet te zeggen eeuwen, weinig schot in de groei van de hoofdstad. Tot het midden van de 19de eeuw had de stad door de ontvolking en de slechte economische omstandigheden weinig behoefte aan grond. Maar vanaf 1870 bracht de aanleg van kanalen (het Noordzeekanaal) en spoorlijnen de groei in een stroomversnelling. De haven was volwassen geworden, en het Centraal Station groeide uit tot een knooppunt, niet alleen van treinen maar ook van trams.

Van 1880 tot ver na 1900 was het in en vooral rondom de grachtengordel een drukte van belang. Met het Concertgebouw, Rijksmuseum, Stedelijk Museum, Centraal Station, het hoofdpostkantoor, ziekenhuizen en de eerste kantoorgebouwen, schudde de stad het kleinschalige karakter van zich af. De energie en creativiteit in bouwen bleef niet beperkt tot het laatste decennium. In de nieuwe eeuw werd dat elan voortgezet en wel meteen in het eerste jaar, met een architect die zich zou laten gelden: de socialistische architect H.P. Berlage. Hij tekende in 1900 het Plan-Zuid.

De sprong naar Zuid kon worden gemaakt. In 1905 stemde de gemeenteraad in met de uitbreiding. En na het zuiden zou de stad ook zijn vleugels uitslaan naar de andere windrichtingen.

De vorm van de stad veranderde van een schelp in een bol. Amsterdam werd een metropool, een kleine weliswaar maar toch een metropool. Met een metro, een luchthaven aan de horizon, een ringweg, met betreurde en gewenste verkeersdoorbraken, met twee tunnels, een handvol warenhuizen en een wolkenkrabber, waarbij het grondoppervlak zo ongeveer verzesvoudigde.

Winnen en verliezen

Een stad die zo expandeert, verliest wat. In honderd jaar komen er niet alleen gezichtsbepalende gebouwen en woonwijken bij, er worden er ook afgedankt en door de slopershamer of door het vuur verwoest. De eeuw was nog geen drie jaar oud of de eerste beurs van J. Zocher ging tegen de vlakte. Dit gebouw had het nog geen eeuw uitgehouden aan de kop van het Damrak, op de plaats van de huidige Bijenkorf. Heeft Amsterdam wat gemist aan dat classicistische gebouw met zijn dikke zuilengalerij? Moeilijk te zeggen, maar zeker is dat de opvolger, de Beurs van Berlage, geschiedenis zou schrijven en niet alleen in Nederland. Het was in 1903 het eerste echte moderne gebouw dat zijn ijzeren vakwerkconstructie eerlijk aan de toeschouwer toonde en al evenzeer trots was op zijn bakstenen huid. Onbegrijpelijk dat er in een zwak moment in de 20ste eeuw overwogen is de Beurs te slopen omdat de handelaars eruit waren getrokken en zich scheuren in de fundamenten vertoonden.

De Beurs heeft de 20ste eeuw overleefd. Dat was niet het geval met een handvol (neogotische) kerken die niet waren opgewassen tegen de ontkerkelijking, afgeleefde pakhuizen op kades waar geen schip meer kwam, of stations die door de nieuwe ontsluitingen op onpraktische plaatsen in de stad waren komen te liggen.

De 20ste eeuw is door zijn dynamiek een aaneenschakeling van sloop en opbouw, van verval en wederopstanding, van gebruik en hergebruik. Na de Beurs van Zocher zou er een parade volgen van grote monumenten die in onbruik raakten, zoals het Weesperpleinstation en het Willemspoortstation, hoewel het laatstgenoemde kopstation geluk heeft gehad. De poort is gespaard gebleven en vormt nu een markant eindpunt van de Haarlemmerstraat.

Brand en sloop

Van alle gebouwen wordt in de overlevering de teloorgang van het Paleis voor Volksvlijt aan het Frederiksplein het meest betreurd. Dit werd gezien als een hoogtepunt van 19de-eeuwse bouwkunst, het Crystal Palace van Amsterdam, in 1882 gebouwd door A. van Gendt die ook het Concertgebouw op zijn naam zou zetten. Het paleis - dat gelijkenis vertoont met het Grand Palais in Parijs - brandde in de nacht van 17 op 18 april 1929 af. Er bleef een geblakerde ruïne en een redelijk gespaarde galerij over; de euthanasie duurde vervolgens dertig jaar. Na 1968 zouden de torens van de Nederlandsche Bank de herinnering aan het Paleis met zijn glazen dak en koepels voorgoed wegvagen.

De nieuwe tijd is onbarmhartig voor het verleden. Het is een wisser over

Vrije Volk, with the proud capitals: HET VOLK on the roof. What building once stood in the place of the dull nursing home Tabitha on the river Amstel? The enormous church of Sint Willibrordus.

Some buildings seem to have been deleted from the pages of architectural history with little notice. For example, it is only from stories that we know that on approximately the same location as the Olympic Stadium, another sports facility once stood, namely the Nederlandsch Sportpark, by the architect H. Elte. It dominated the Stadionplein area for about the first quarter of the 20th century.

Godforsaken

During a century of secularisation, churches endured the greatest hardship. The legacy of the 19th century was in constant danger, especially during the 1960s and 70s; the Vondelkerk and Posthoornkerk almost disappeared from the townscape, until residents protested and saved the two churches for posterity - though they would be given a new function. Other less famous victims of the rejuvenation were the diocesan orphanage de Wielingen near the new RAI, the fish market at the Nieuwmarkt, the head office of the Gemeente Energiebedrijf (presently Byzantium), and the Heiligewegbad (swimming bath) which was replaced by the shopping centre De Kalvertoren.

Not a single tear was shed over demolitions such as the Burgemeester Tellegenhuis, or Maupoleum - a mistake constructed in 1974, though allowed to stand for 22 years. Intended to be the first of a series of large metropolitan blocks, it remained a loner, a building without context. The loss of some of the blocks of flats in the Bijlmer was probably not regretted either, although this chapter of history is not yet closed. De Bijlmermeer project as envisioned by Le Corbusier and implemented by the Physical Planning Department, is a project unparalleled in Europe and has thus become part of the legacy of Amsterdam, whether one likes it or not. Even scars become part of the city.

The building of de Bijlmermeer and the additional construction of the underground have inflicted wounds on the city that have remained painfully apparent for decades. The Nieuwmarkt was fought over, demolished and restored, a process which took twenty years. Even though images of the anti-riot squad remind us of the difficulties faced during the construction of the underground, it exists and is widely used, functioning as an umbilical cord between the old and the new city.

Therefore, the underground has had more impact than anyone could have

imagined in the mid-1970s. It has opened up the compact city centre, creating new junctions. The city has started wandering, and the survey of 100 years of architecture clearly shows how it has moved south in the course of a century. From a city bordering the IJ to a city bordering the ring road A10.

Rich and poor

One hundred years of highlights, from the Amsterdam School to the Nieuwe Zakelijkheid (New Objectivity), from schools to residential areas, from Berlage to the architecture firm MVRDV. One highlight per year, selected, as is often the case in 'competitions', from a list of candidates drawn up by the Amsterdam branch of the BNA (Association of Dutch Architects). This list was subsequently discussed by a small committee consisting of experts and photographers.

The 20th century had rich and poor years, and even completely dead years. For example the period 1941-45, in which little of value was built, for obvious reasons. The few important buildings dating from this period turn out to have been completely altered, barely resembling their original design. Remarkably, this does not hold for the other 95 buildings described in this book. People live and work in them. Like words in a book they tell the story of Amsterdam, a story of prosperity and stability.

The lean architectural years do not coincide with the depression of the 1930s but with the 1950s, when quantity was emphasised; the construction of the western suburbs. It is not surprising that towards the end of the 20th century this extension to the west, based on the Algemeen Uitbreidingsplan (General Extension Plan), was to cause the most headaches in terms of usage, administration, and reconstruction. The districts Bos en Lommer, Slotermeer, and Geuzenveld were built at a tremendous speed, in order to defeat public enemy number one, the public housing shortage.

In 1982 a municipal memo stated that housing problems had been solved. The large city expansion projects had indeed been completed but urban renewal was just beginning. Although the initial years resulted in unredeeming architecture - gaps in the Dapper- and Kinkerbuurt districts were filled - it was nonetheless a memorable moment. The city, which had earlier experienced an exodus and had seen its inhabitants move to Purmerend and Almere, grew more and more confident: house prices began to rise and the demand for (luxurious) private property increased. The parallel with the 19th-century *fin de siècle* is remarkable. That is when the Vondelpark got

het schoolbord, de deleteknop van de computer. Wat stond er voor het Marriot Hotel aan het Leidseplein? De reusachtige Koepelkerk. De Rembrandttoren heeft het gat opgevuld dat de Blooker Cacaofabrieken en een chemische fabriek achterlieten. De vragenlijst lijkt eindeloos: wat was de voorganger van het Ramada Renaissance-hotel aan het Kattegat? Het rode bolwerk van het dagblad het Vrije Volk, met op het dak trots in kapitalen HET VOLK. En wat stond er voor het slaapverwekkende verpleeghuis Tabitha aan de Amstel? De kolossale Sint Willibrordus buiten de veste.

Er wordt rücksichtslos geschrapt in de bouwgeschiedenis; alleen uit verhalen weten we dat de voorganger van het Olympisch Stadion, het Nederlandsch Sportpark, ongeveer op dezelfde plek heeft gelegen en was gebouwd door de architect H. Elte. Het heeft grofweg het eerste kwart van de 20ste eeuw de buurt bij het Stadionplein beheerst.

Van god los

In een eeuw van ontkerkelijking verkeerden de godshuizen in de grootste problemen. Vooral in de jaren zestig en zeventig leek het erfgoed van de 19de eeuw aangeschoten wild in de stad; het had ook niet veel gescheeld of de Vondelkerk en Posthoornkerk waren uit het silhouet verdwenen totdat de burgers ingrepen en deze kerken – weliswaar in een nieuwe functie - bewaarden voor de stad. Verdere roemloze slachtoffers van de verjonging waren het diaconieweeshuis de Wielingen bij de nieuwe RAI, de visafslag op de Nieuwmarkt, het hoofdkantoor van het gemeentelijk energiebedrijf (thans Byzantium) en het Heiligewegbad dat werd weggepoetst door winkelcentrum De Kalvertoren.

Om enkele gesloopte objecten werd geen traan gelaten, bijvoorbeeld het Burgemeester Tellegenhuis, ofwel Maupoleum, een vergissing uit 1974 die 22 jaar mocht blijven staan. Wat de aanzet moest worden voor een grootstedelijk blok bleef steken in een einzelgänger, een gebouw zonder context. Waarschijnlijk was er ook niemand die om de sloop van enkele flats uit de Bijlmermeer treurde, hoewel de inkt van de geschiedenis daarover nog niet is opgedroogd. De Bijlmermeer, zoals Le Corbusier hem gedacht had en de Dienst Ruimtelijke Ordening hem heeft uitgevoerd, kent qua schaal en omvang zijns gelijke niet in Europa en is daarom deel van Amsterdams erfgoed geworden, of we het nu mooi vinden of niet. Ook littekens horen bij de stad.

Zo heeft de bouw van de Bijlmermeer en de daarbij horende aanleg van de metro wonden geslagen in de stad die decennia lang open lagen en voelbaar waren. De Nieuwmarkt is bevochten, gesloopt en weer opgestaan, een proces dat twintig jaar heeft geduurd. Ook al herinneren de beelden van ME'ers met schilden in het metrostation aan die moeizame totstandkoming van de lijn, hij ligt er en wordt gebruikt, als een navelstreng tussen de oude en de nieuwe stad.

Diezelfde metro heeft daarom verder strekkende gevolgen gehad dan wie dan ook halverwege de jaren zeventig had kunnen voorzien. Hij heeft het compacte centrum van Amsterdam opengetrokken, nieuwe knooppunten gecreëerd. De stad is aan het wandelen geraakt en is in een eeuw tijd naar het zuiden opgeschoven, hetgeen het overzicht van 100 jaar Amsterdamse bouwkunst treffend laat zien. Van een stad aan het IJ naar een stad aan de Ringweg A10.

Rijk en arm

Honderd jaar hoogtepunten, van de Amsterdamse School tot de Nieuwe Zakelijkheid, van scholen tot woonwijken, van Berlage tot MVRDV. Uit elk jaar een topstuk, gekozen door het bestuur van de BNA-kring Amsterdam die, zoals dat gaat met 'competities', een groslijst heeft aangelegd. Daarover is vervolgens en petit comité, bestaande uit deskundigen en fotografen, nog weer avonden gediscussieerd.

De 20ste eeuw kende rijke en arme jaren, zelfs volslagen dode jaren. Zoals de periode 1941-1945 die begrijpelijkerwijs weinig spectaculairs heeft voortgebracht. De weinige betekenisvolle gebouwen uit die tijd bleken bovendien zo onherkenbaar veranderd, dat ze niet meer corresponderen met het origineel. Voor de 95 andere is dat opmerkelijk genoeg wel het geval. Ze worden bewoond, er wordt in gewerkt, ook al is dat soms door ander personeel. Als woorden in een boek vertellen ze het verhaal van Amsterdam, van bloei en stabilisatie.

De magere jaren vallen niet in de crisistijd van de jaren dertig maar in de jaren vijftig toen vooral kwantiteit de voorkeur had, wat tot uitdrukking kwam in de bouw van de westelijke tuinsteden. Het is niet vreemd dat juist deze westelijke uitleg - op grond van het Algemeen Uitbreidingsplan - op de valreep van de 20ste eeuw de grootste problemen veroorzaakt bij bestemming,

its golden rim. It is harder to tell what the 'golden rim' of the 20th century will be: expensively renovated canal houses, terrace houses in Zeeburg or Nieuw Sloten? In any case, the Museumplein area has been rejuvenated, complete with a new wing for the Van Gogh Museum.

Gold and tin

The architecture of the 20th century vacillates between being labelled the golden and tin-can age - expressiveness and sobriety in turn. The Amsterdam School marked a completely new and unique explosion of architectural expressionism; the Nieuwe Zakelijkheid was its opposite. The open air school by J. Duiker, the Skyscraper by J.F. Staal or the district Betondorp - were, from their onset, symbols of an austere, unveiling architecture that would set the tone for the rest of the century. Though imitated in vain, it would always remain a source of inspiration.

There were fruitful, even very fruitful years, and yet we have refrained from choosing more than one building or project for any particular year. For example, 1992 marked the year of the 'slinger' building (Atelier Pro) across the Entrepothaven, the Wagon-Lits office building (Benthem Crouwel) and a charming bicycle shelter (Jan Griffioen) in Amsterdam-West. It was also the year of Park Haagseweg (Mecanoo). For the year 1987 the Stopera, city hall and opera house, is not listed, as the head office of the NMB (presently ING) bank was finished in the same year. The Amsterdam Arena was outdone by its baby brother, training centre De Toekomst. The Byzantium building by R.L. Koolhaas was surpassed by a bank on the Stadhouderskade designed by H. van Heeswijk.

The AMC (Academic Medical Centre) is not listed because at that time, A.E. van Eyck gave the - unofficial - starting sign for the urban renewal of the Jordaan.

Another giant, the VU (Free University), is not listed for 1971, as Maaskant's Rivierstaete building was considered more striking. Nor did the Orlow villa by H. Salomonson dating from 1961 make the list, because it has suffered such abuse and because the RAI conference hall by A. Bodon would soon dominate the cityscape.

Fruitful years. For example 1926,1927, 1928. The years of the Heineken Brewery - at a spiritual level the most important newcomer to the 20th century - the Carlton Hotel, Huize Lydia on the Roelof Hartplein, the Olympic buildings, and the garden village of Nieuwendam in Amsterdam-Noord; suddenly the city surpassed its boundaries and buildings took on more varied forms than ever before. Decoration alongside objectivism, urbanism alongside suburbanism.

Berlage heralded in the 20th century, and now at the close of the century, with MVRDV, Amsterdam paradoxically returns to the IJ, back to its roots. Paradoxically indeed, since by contrast the 21st century shows a concentration of development on the southern axis, where banks and the entertainment industry have staked out ground.

Nonetheless, water seduces. The city is built on man-made land, which is also true for Amsterdam's most recent newcomers. IJburg is like a cruise ship anchored in the IJmeer. The islands have only just risen out of the water, and already they hold the promise of the 21st century. The residential skyscraper at the head of the Westerdokseiland in the west, IJburg in the north-east, the Arena Leisure Centre in the south-east, and the ING bank shaped like a football shoe to the south-west, these are the corner flags of the sports field on which the city will play its game in the 21st century.

Jaap Huisman

beheer en herstel. Bos en Lommer, Slotermeer en Geuzenveld verrezen in een moordend tempo, om 'volksvijand nummer één', de woningnood, het hoofd te bieden.

In 1982 meldde een gemeentelijke notitie dat de woningnood was opgelost. De grote stadsuitbreidingen waren inderdaad voltooid maar de stadsvernieuwing was nog maar net begonnen. Hoewel de aanvangsjaren weinig verheffende architectuur hebben opgeleverd - invullingen in Dapper- en Kinkerbuurt - is het een gedenkwaardig moment. De stad die voordien leegloop kende en zich door Purmerend en Almere zag leegzuigen, kreeg weer zelfvertrouwen, de huizenprijzen begonnen te stijgen en de vraag naar (luxueuze) koopwoningen nam toe. De parallel met het *fin de siècle* van de 19de eeuw is opmerkelijk. Toen kreeg het Vondelpark zijn gouden rand. Over de 20ste eeuw is dat niet zo duidelijk te zeggen, duur verbouwde grachtenhuizen, een rijtje in Zeeburg of Nieuw Sloten? In ieder geval wel een herboren Museumplein, compleet met een nieuwe vleugel voor het Van Gogh Museum.

Goud en blik

De bouwkunst van de 20ste eeuw pendelt tussen het predikaat van de gouden en blikken eeuw in, bijzonderheid wisselt schraalheid af. Met de Amsterdamse School als een volstrekt nieuwe en eenmalige explosie van bouwexpressionisme en de Nieuwe Zakelijkheid als het tegenovergestelde. De Openluchtschool van J. Duiker, de Wolkenkrabber van J.F. Staal of Betondorp, ze waren van meet af aan symbolen van een sobere, niets verhullende architectuur die de rest van de eeuw de toon zou zetten, vruchteloos werd nagebootst, maar altijd een bron van inspiratie zou zijn.

Er zijn rijke jaren bij, zeer rijke jaren, en toch mocht er maar één gebouw of project uit die jaren worden gekozen. Zoals 1992, het jaar van de 'slinger' in de Entrepothaven (Atelier Pro), het Wagons Lits-kantoor (Benthem Crouwel) en een sympathieke fietsenstalling (J. Griffioen) in Amsterdam-West. Het werd het jaar van Park Haagseweg (Mecanoo). Uit 1987 ontbreekt

het Stadhuis/Muziektheater omdat in dat jaar ook het hoofdkantoor van NMB- (thans ING-) bank in Amsterdam-Zuidoost werd opgeleverd. De Amsterdam Arena werd verslagen door zijn kleine broertje, trainingscentrum De Toekomst. Byzantium van R.L. Koolhaas werd gepasseerd door het bankgebouw van J.J.H.M. van Heeswijk aan de Stadhouderskade.

Geen AMC omdat A.E. van Eyck toevallig het - officieuze - startsein voor de stadsvernieuwing in de Jordaan gaf, maar evenmin een andere 'grote jongen', de VU, omdat Rivierstaete van H.A. Maaskant uit 1971 meer in het oog springt. De villa Orlow van H. Salomonson uit 1961 ontbreekt omdat deze zo is mishandeld, maar ook omdat de RAI van A. Bodon het stadslandschap begon te veroveren.

Rijke jaren. Neem 1926, 1927 en 1928. De jaren van de Heineken brouwerij - spiritueel gezien de belangrijkste nieuwkomer van de 20ste eeuw - het Carlton hotel, Huize Lydia aan het Roelof Hartplein, de Olympische bouwwerken, en in Amsterdam-Noord het tuindorp Nieuwendam; ineens verlegt de stad zijn grenzen en wordt er veelvormiger dan ooit gebouwd. Versiering naast verzakelijking, verstedelijking naast suburbia.

Berlage luidde de eeuw in, met MVRDV keert Amsterdam paradoxaal genoeg terug naar het IJ, naar zijn bron. Paradoxaal ja, want de 21ste eeuw laat juist een concentratie op de zuidas zien, waar de banken en de uitgaansgelegenheden de piketpalen hebben geslagen.

Maar toch: het water trekt. De stad is gebouwd op dik water, en dat is ook het lot van nieuw-Amsterdam. IJburg is als een cruiseschip dat voor anker gaat op het IJmeer. De eilanden steken nog maar nauwelijks hun kop boven het water uit, en toch vormen ze nu al de belofte van de 21ste eeuw. Een woonsilo op de kop van het Westerdokseiland, IJburg in het noordoosten, het Arena Leisurecenter in Zuidoost, en het ING hoofdkantoor in de vorm van een voetbalschoen in het zuidwesten; dat zijn de hoekvlaggen van het speelveld waarbinnen de stad zijn spel kan spelen in de 21ste eeuw.

Jaap Huisman

Verenigingsgebouw van de Algemene Nederlandse Diamantwerkersbond
Henry Polaklaan 9
H.P. Berlage

De nieuwe eeuw begint met een ideaal, met een vakbondsgebouw, thans een vakbondsmuseum. Impliciet betekent dat de erkenning van een arbeidersklasse, van hun rechten, en van een samenleving waarin de autoriteiten moeten gaan rekenen op weerwerk. En dat ideaal staat er in een gebouw van Berlage, een gebouw waar je niet omheen kunt en wat daarom ook wel kortweg Het Kasteel wordt genoemd. Maar eigenlijk is het een palazzo, met een toren die je in Venetië zou verwachten en een puntdak dat uit Egypte zou kunnen komen. Het zijn de kantelen die het gebouw tot een burcht maken, een burcht die van binnen openbreekt in een rijk trappenhuis met wandschilderingen, balustrades van natuursteen, reliëfs en een in het oog springende lamp van Jan Eissenloeffel. De entree is onderdeel van de toren en daar stappen we de nieuwe eeuw in. *Proletariërs aller landen, verenigt U*, lezen we in de hal. Hoe waar zou dat worden?

The new century begins with an ideal in the form of a trade union building, presently a trade union museum. Implicitly this means that the working class and their rights are recognised, and that a society in which authorities have to reckon with the working class has come of age. This ideal is reflected in the building by Berlage, a building you simply cannot ignore, which is why it is simply called 'The Castle'. It is in fact a palazzo, with a tower you would expect to find in Venice and a pointed roof that might come from Egypt. The crenellations turn the building into a castle, a castle that opens up to a rich stairwell adorned with murals, stone balustrades, reliefs and a striking lamp by J. Eissenloeffel. The entrance is part of the tower, and it is here that we enter the new age. *Proletariërs aller landen, verenigt U* ('Workers of the world, unite'), can be read in the hallway. How true would these words ring?

1900

Het Witte Huis
Raadhuisstraat 2-6
J. Verheul

Als de middagzon op de gevel van de voormalige Rotterdamse Verzekering Sociëteit staat, hangt er een zilveren floers over het pand. Het Witte Huis is een glimmend zilversieraad in een omgeving met zware gebouwen als Magna Plaza en het Paleis op de Dam. En dan te bedenken dat het begin jaren tachtig bijna was gesloopt. Jugendstil lijkt niet zo courant in Amsterdam, verstopt als het is in winkelstraten of anders wel gesloopt, maar het is er nog wel degelijk. Het Witte Huis, tegenwoordig een pannenkoekenhuis en deel van de letterenfaculteit van de UVA, is vergeleken met de Parijse en Brusselse equivalenten bescheiden. Verheul, vooral bekend van het helaas gesloopte verzekeringskantoor van de Utrecht in Utrecht, volstond met opengewerkte hoeken - ingangen als grote sleutelgaten - geaccentueerde boogvensters en bloemmotieven in het natuursteen en in de balustrades.

A silver veil hangs over the building when the midday sun shines upon the facade of the former Rotterdam Insurance Society. The 'White House' is a sparkling silvery gem in an area surrounded by massive buildings such as Magna Plaza and the Royal Palace. Imagine that at the beginning of the 1980s it was nearly torn down. Jugendstil buildings may not seem prevalent in Amsterdam, hidden as they are in shopping streets or replaced altogether, but they are certainly still to be found. The White House, presently a pancake restaurant and part of the Liberal Arts Faculty of the University of Amsterdam, is a modest building compared to its equivalents in Paris and Brussels. Verheul, chiefly known for his insurance office of De Utrecht in Utrecht, which has unfortunately been demolished, confined himself to open corners – entrances that appear as large keyholes – accentuated arched windows, flower motives carved in stone, and balustrades.

1901

American Hotel
Leidseplein 28
W. Kromhout

De schrijver Harry Mulisch werkte er aan zijn eigen promotie ('Telefoon voor de heer Mulisch'), oudere dames ontmoetten er hun gigolo's en de provincie at er zijn taartjes, maar wie er ook kwam, iedereen vergaapte zich aan de wandschilderingen, het glas in lood en de ossenbloedrode decoraties. Als de Art Nouveau ergens flink heeft mogen uitpakken is het wel in deze compositie van arcades, loggia's, balkonnetjes, erkers en andere uitstulpingen, en dat alles verpakt in het warmbloedigste geel dat je in het hart van Amsterdam tegenkomt. Kromhout bedacht dit kunststuk, met zijn klokkentoren die naar boven toe slanker wordt en die, heel eigenwijs, gedraaid op de hoek staat. Americain, zoals het café-restaurant verwarrend genoeg heet, is de huiskamer van Amsterdam maar wordt sinds de laatste verbouwing eind jaren tachtig ontsierd door een ruimteschip vol lekkernijen dat in het hart van de zaal is neergedaald. Sindsdien komt Mulisch er niet meer, zijn de rendez-voustjes verleden tijd en komt alleen de provincie er nog. Want zowel Americain als het American blijven.

The writer Harry Mulisch used it for his PR ('Telephone for Mr Mulisch'), elderly ladies came to meet their gigolos here and visitors from the provinces ate their cakes here. But regardless of who came, everyone gazed at the murals, the stained glass windows and oxblood-red decorations. If Art Nouveau thrives anywhere it is here, in this composition of arcades, loggias, balconies, oriel windows and other projections, all of which are wrapped in the warmest yellow one can come across in the heart of Amsterdam. Kromhout masterminded this artwork, such as the tapering bell tower, which is boldly placed at an angle to the corner. Americain, the confusing name of the café-restaurant, is the living room of Amsterdam. Unfortunately, during its last renovation in the late 1980s it was disfigured by a spaceship full of delicacies that landed in the middle of the room. Since then Mulisch does not come anymore, the rendezvous are a thing of the past and only provincial types frequent the place. For Americain and the American hotel live on.

1902

De Koopmansbeurs
Damrak 277
H.P. Berlage

We beginnen bij een van de vele ingangen, een opengesneden hoek met een dikke natuurstenen leuning. Een groot muizengat eigenlijk, met een gemetselde boog erboven in het midden bekroond met een grijze sluitsteen. Binnen zien we de lambrisering van geglazuurde baksteen. Verder veel rauwe, ongestucte baksteen, dat de keurige beurshandelaren in 1903 zó slecht beviel dat ze eerst draperieën lieten ophangen in de vergaderzaal op de eerste etage, en vervolgens vertrokken naar Beursplein 5. De Beurs. Het zijn de kruisvormige uitsparingen in de balustrades, alsof er vier bakstenen zijn vergeten. Het is het hout van de bankjes in de vroegere beurszaal, waar het gelispel over de transacties nog naklinkt. Die enorme stalen spanten met de klinknagels, eerlijk in het zicht gelaten. De fabrieksschoorsteen. Het is de asymmetrische toren, met zijn geboortegrond in Italië. Geen toren dus maar een campanile.De Beurs van Berlage is inmiddels een museum maar vooral een stad in de stad. Je kunt er in verdwalen en zult het nooit, maar dan ook nooit volledig bevatten. Ook al word je 100 jaar.

We begin our tour at the entrance, pardon me, at one of the many entrances, in this case an open corner with a thick banister made of natural stone. A bit like a mouse hole actually, with a brick arch above it, crowned in the middle with a grey keystone. We enter, and see glazed brick wainscoting, and a lot of plain, unplastered brickwork. This so displeased the stock brokers in 1903 that they had tapestries and wall hangings installed in the meeting room of the Chamber of Commerce on the first floor and later moved to Beursplein 5. The Exchange. It is the cross-shaped recesses in the balustrades, as if four bricks are forgotten. It is the wood of the benches in the former stock exchange hall, where the whispers of transactions of days gone by resonate. Those enormous steel trusses with rivets plainly visible. The factory chimney. It is the asymmetrical tower originating in Italy, and so not a tower but a campanile. Berlage's Exchange is now a museum, but even more than that it is a city within the city. You can lose yourself in it, and you will never ever be able to comprehend it completely, even if you live for a hundred years.

Eerste Hollandse Levensverzekeringsbank
Keizersgracht/Leliegracht
G. van Arkel

Tikkeltje te groot voor de Keizersgracht? Beetje opvallend ook? Inderdaad. Van Arkel maakte daar plotseling een hoekbeëindiging in een tijd dat niemand, in Nederland althans, dat begrip nog kende. Akkoord, die hoektoren valt niet weg te poetsen, maar hij wordt wel voorzichtig opgebouwd, *allegro ma non troppo*. Een verspringing zorgt ervoor dat het voormalige verzekeringsgebouw, tegenwoordig het hoofdkantoor van Greenpeace, aansluit bij de grachtenpanden. Vervolgens maakt het kantoor een sprongetje in de lucht. Met grote letters E.H.L.B., met een figuratief mozaïek en sier-smeedwerk op het dak. Ook op de Keizersgracht is de nieuwe eeuw met veel bombarie begonnen.

A bit too large for the Keizersgracht? Also a bit conspicuous? Indeed. Van Arkel placed a corner building here at a time that nobody, at any rate in the Netherlands, knew of this concept. OK, the corner tower is a bit prominent but it is carefully constructed; *allegro ma non troppo* if you like. The former insurance building, presently Greenpeace's head office, is connected to the canal houses and by means of a gradual incline reaches for the sky. On the roof, the large letters EHLB, a figurative mosaic and wrought ironwork. On the Keizersgracht the new age is kicked off with much fanfare.

1904

De Utrecht
Damrak 28-30
J.F. Staal en A.J. Kropholler

Tussen het trottoir en de eerste etage is op het Damrak alles verpest, en dat lot treft helaas ook het verzekeringskantoor van de Utrecht. De excursies die in een schreeuwerig bord boven de ingang worden aangeprezen, benemen je de lust om eropuit te trekken. Maar vijf meter boven dat sjofele Damrak bevindt zich bovengrondse archeologie. 'Hoog Sammy, kijk omhoog Sammy', dat roept Amsterdams verleden. De Utrecht bestaat uit twee panden, een ingetogen kantoor met puntdak van grijs natuursteen, en de uitbundige uitbreiding uit 1905 waarin de reis naar New York doorklinkt die Staal daarvoor had gemaakt. De hoektoren is niet zozeer Amerikaans als wel 'kabouter puntmuts'. J. Mendes da Costa voegde op de randen beelden toe die geïnspireerd zijn op het oude Egypte, allemaal personificaties van de beschermende Liefde. Niet direct iets waar je het verzekeringswezen mee associeert, maar nog steeds zo krachtig dat het de rampspoed op het maaiveld wegdrukt.

On the Damrak, between the pavement and the first floor, everything is spoiled, and that holds for the insurance building of De Utrecht as well. Excursions are promoted on an obnoxious billboard, turning one off the thought of going altogether. However, five metres above the shabby Damrak one discovers archaeology above the ground. 'Look up Sammy, look up Sammy', beckons a well-known Dutch song. De Utrecht consists of two buildings, one a sober grey stone office building with a pointed roof, the other the exuberant extension of 1905 which reflects Staal's visit to New York. The turret is not so much American as something resembling a gnome's hat. J. Mendes da Costa added sculptures inspired by ancient Egypt, all personifications of the protective Love. Not something one would normally associate with an insurance company, but powerful enough to mitigate the disaster of the ground floor.

1905

Haarlemmerstraat 83

J. Hegener

De natuurstenen omlijsting van de vensters op de eerste etage heeft iets van een gestileerd dameskapsel zoals kinderen dat tekenen. Het is sowieso een vrouwelijk pandje aan de Haarlemmerstraat, wulps in zijn versieringen en uitstulpingen. De gele bricornasteen die de architect Hegener toepaste en die ook voorkomt in het American Hotel en de Stadsschouwburg, weekt het winkelpand los uit de langgerekte Haarlemmerstraat. Hier staat een persoonlijkheid, een kleinood uit de Art Nouveau.

The windows on the first floor, framed by cut stone, look a bit like a child's drawing of a stylised woman's hairdo. It is in fact a small feminine house in the Haarlemmerstraat, voluptuous in its ornamentation and projections. The yellow bricorna bricks the architect Hegener chose, which were also used for the American Hotel and the municipal theatre, make the shop stand out among the buildings in the lengthy Haarlemmerstraat. Here is a real character, an Art Nouveau gem.

1906

Voormalige diamantfabriek
Tolstraat 127-129
G. van Arkel

Diamonds are a girl's best friend, maar er is er een die er nog meer om geeft: Amsterdam. De flonkering trekt een spoor door de stad, van de Uilenburgerstraat naar de Jordaan en naar de Tolstraat waar in 1907 de diamantfabriek van Asscher werd gevestigd. Je zou het nu een kantoor noemen, zelfs een representatief kantoor, dit rode complex van Van Arkel, met zijn ritme van penanten en hoektorentjes die uit het gelid springen. Diamanten worden er niet meer geslepen, en de jonge wetenschappers die er lange tijd experimenteerden, krioelen ook niet meer door de ruimtes. Maar het gebouw is gebleven, als een ring die je niet meer van de vinger krijgt.

Diamonds may be a girl's best friend, but Amsterdam cares more for diamonds than anyone. The sparkles blaze a trail through the city, from the Uilenburgerstraat to the Jordaan and to the Tolstraat, where in 1907 the Asscher diamond factory (presently an office building) was built. You might call it an office, even a respectable office, this red building by Van Arkel, with its rhythmic piers and small corner towers. Diamonds are no longer cut here, and the young scientists who experimented here, swarming from room to room, are also a thing of the past. The building however remains, like a ring you can't remove from your finger.

1907

Nes 73-87

J. van Looy

De Bonneterie aan het Rokin ging open en de Nes was nog geen theaterstraat, maar een centrum van handel. Wat nu het theater Cosmic is, en daarvoor veilinghuis Sotheby's, begon als een kantoor voor de tabakshandel, toen een van de belangrijkste sectoren van de Amsterdamse haven. Van Looy is de architect van dit opvallend oranje pand waarvan de vensters verdiept achter dikke profielen van natuursteen liggen. Hij is beter bekend als de schepper van het warenhuis Metz & Co. toen het nog geen warenhuis was maar de New York Life Insurance Company. Van Looy begon de 20ste eeuw met het Elisabeth Knollhuis aan het Eikenplein, een bejaardentehuis in Art Nouveau-stijl. Zijn kantoor aan de Nes is meer ingehouden van stijl, een zakelijke pui voor zakelijke doeleinden. Meer is niet nodig. De oranje baksteen, die zich niet door het roet van de tijd laat wegpoetsen, brengt zon in de smalle, sombere Nes.

The Bonneterie on the Rokin opened its doors when the Nes was not yet a theatre street, but a centre of commerce and trade. What is now the Cosmic theatre, was once the auction house of Sotheby's. The building started out as one of the offices of the tobacco industry, tobacco being one of the most important products of the Amsterdam harbour at the time. Van Looy is the architect of this remarkable orange building with windows recessed within thick profiles of stone. He is better known as the creator of the Metz & Co. department store, formerly the New York Life Insurance Company. Van Looy kicked off the 20th century with the Elisabeth Knollhuis at the Eikenplein, a retirement home in Art Nouveau style. His office building at the Nes reflects a more subdued style, with a business facade for business purposes. Nothing else is required. The orange bricks, which refuse to heed the soot of time, bring sunshine into the narrow, gloomy Nes.

1908

Van Beuningenstraat
J.E. van der Pek

De waarde van dit blokje eerste Amsterdamse Woningwetwoningen bevindt zich van binnen. De plattegrond die de architect Van der Pek ontwierp, brak met het patroon dat tot dusver in een Amsterdams arbeidershuis gangbaar was: een alkoof, bedsteden en een toilet in de keuken. Hij maakte aparte slaapkamers en verbande de wc, nu met waterspoeling, naar de gang. Het exterieur laat levendige architectuur zien met verspringende daken en een uitkragende gevel die daarmee tevens beschutting geeft aan de voordeuren. Maar het is vooral de hoek die intrigeert, de stevige sierstenen boven en onder suggereren een *missing link*. Het is een begin en een einde, en daartussenin laat Van der Pek zijn fantasie de vrije loop.

The importance of this first row of Amsterdam council houses is concealed on the inside. The floor plan, designed by the architect Van der Pek, broke with traditional floor plans of Amsterdam workers' houses at that time: an alcove, box beds and a toilet in the kitchen. Van der Pek instituted separate bedrooms and banned the toilet - improved with a flush mechanism - to the stairwell. The exterior portrays lively architecture with staggered roofs and a facade which projects above the entrances, providing shelter to the entrances below. It is the corner that is most intriguing, with sturdy ornamental stones above and below, suggesting some kind of missing link. It is both a beginning and an end, and in between Van der Pek lets his imagination soar.

1909

Emmalaan 8-10/Prins Hendriklaan
J.F. Staal

Living apart together, achter hermetische muren en onder een stevig pannendak, daarmee valt de villa van Staal aan de rand van het Vondelpark het best te definiëren. Terwijl de buren in de laan zich uitputten in franje en uiterlijk vertoon, beperken de herenhuizen zich tot kloeke schoorstenen in de stijl van de Britse architect Edward Lutyens die dwars op de gevel zijn geplaatst. Trappen leiden naar een bordes of naar een verscholen portiek, de ramen liggen verdiept achter natuurstenen kozijnen, waardoor de woonhuizen zich afzonderen van de Emmalaan. Een beetje hooghartig, een beetje in zichzelf gekeerd. Maar dit is vermoedelijk het meest gepast in het enige echte luxueuze villapark dat Amsterdam rond de eeuwwisseling heeft voortgebracht.

Living apart together, behind hermetic walls and under a sturdy tiled roof, best defines this triple villa located on the edge of the Vondelpark. While neighbouring houses in the avenue exhausted themselves with frills and outward displays of grandeur, these mansions confined themselves to sturdy, transversely placed chimneys in the style of the British architect E. Lutyens. The stairs that lead to a portal or hidden doorway, and the windows that are recessed in cut stone frames, give these houses on the Emmalaan a voice of their own. A bit haughty on the one hand, a bit introverted on the other. But the attitude of this mansion is most fitting, as it is situated in the only real luxury villa park in Amsterdam that dates from the turn of the century.

1910

Diamantbeurs
Weesperplein 2-4
G. van Arkel

Op het dak van de diamantbeurs, tegenwoordig bureau herhuisvesting, is een penthouse gekomen. Het gebouw is van binnen helemaal uitgekernd en wordt beconcurreerd door een zwartglazen buurman die, zoals gebruikelijk in Amsterdam, een bijnaam heeft - de Doodskist. Het is dus nog een hele prestatie dat de Diamantbeurs voortleeft, al is het als schil. Maar dat kon ook moeilijk anders. De Diamantbeurs is een erfenis van het joodse verleden van Amsterdam, hier werd in de hoogtijdagen van de diamantproductie geslepen, vergaderd en gehandeld. De beurs staat qua uiterlijk op de drempel van de 19de en de 20ste eeuw, tussen Jugendstil en Nieuwe Zakelijkheid. Dit wordt gesymboliseerd door het torentje met zijn groene koepel enerzijds en de strenge ramen in het gelid anderzijds. De Weesperstraat mag dan omwoeld en ontworteld zijn, de Diamantbeurs staat er nog.

This building, presently the housing department, has a penthouse placed on its roof, and its interior has been completely altered. It competes with a neighbouring building made of black glass, which, in the proper Amsterdam practice, has the nickname 'the Coffin'. All in all, it is amazing that the Diamond Exchange still exists, be it as a shell. But this could hardly be otherwise. The Diamond Exchange has been handed down from Amsterdam's Jewish past. When the diamond industry was at its peak, this was a place for diamond production, meetings, and business transactions. The exterior of the Diamond Exchange combines 19th- and 20th-century styles, oscillating between Jugendstil and Nieuwe Zakelijkheid. The first is conveyed by the small tower with its green dome, the latter by the severe windows set in a row. Though the Weesperstraat has been dug up and uprooted, the Diamond Exchange lives on.

1911

Hillehuis
Joh. Vermeerplein 34
M. de Klerk

Wanneer begint de Amsterdamse School? Laten we zeggen bij het Hillehuis aan het Johannes Vermeerplein. Het is het eerste grote woningblok van De Klerk nadat hij het bureau van Ed. Cuypers had verlaten. De term Amsterdamse School valt overigens pas in 1916 als de architect J. Gratama in een boek over Berlage rept van 'de nieuwste richting in de bouwkunst, de moderne Amsterdamsche School met zijn expressionisme, met zijn moderne romantiek, met zijn fantasie'. Het Hillehuis, genoemd naar de opdrachtgever Klaas Hille, is helemaal op zijn plaats tussen de herenhuizen rond het Museumplein; een voorname mastodont. De aandacht concentreert zich op het dak, dat De Klerk in een vloeiende lijn over het pand heeft gedrapeerd. Hij doorbrak zelfs de daklijst. Het dak dat een huwelijk aangaat met de gevel; de nieuwe eeuw is nu echt begonnen. Elders in de stad, op het Leidseplein, begon een ander hoofdstuk, met het Hirsch-gebouw van A. Jacot.

When did the Amsterdam School come into being? Let's say with the Hillehuis at the Johannes Vermeerplein. It is the first large block of houses De Klerk designed after he left Ed. Cuypers' architectural bureau. Actually, the name Amsterdam School is first used in 1916, when the architect Gratama in a book on Berlage writes: 'The latest school in architecture, the modern Amsterdam School with its expressionism, modern romanticism, and fantasy'. The Hillehuis - the name derives from the man who commissioned it, Klaas Hille - truly belongs here, among the mansions on the Museumplein, a distinguished giant. One's attention is drawn to the roof, which De Klerk seems to have draped over the building. It even breaks through the cornice. With roof and facade united, the new century is bound to get off to a good start. Elsewhere in the city another architectural chapter opens with the coming of the Hirsch building, by A. Jacot, to the Leidseplein.

1912

De Bijenkorf
Damrak/Dam
J.A. van Straaten

Er bestaat een gedenkwaardige foto uit 1909. Daarop is de noodwinkel te zien van de Bijenkorf in wording, met een nog lege Damwand. Daarachter de Beurs van Berlage, voorbode van de nieuwe eeuw. Als het eerste warenhuis er eenmaal staat, lijkt het alsof het ons terugwerpt in de 19de eeuw, zo conventioneel is de Bijenkorf van Van Straaten. Hij had het kunstje afgekeken van *Au bon marché* in Parijs en *Marshall and Snelgrove* in Londen. Zoals vaker was het buitenland Nederland sneller af, maar de inhaalslag voldeed. Het is een winkelpaleis dat in Amsterdam en ver daarbuiten aantrekkingskracht uitoefent. Misschien niet vanwege de guirlandes met hevig vruchtgebruik op de gevel, of vanwege de schoorstenen, eveneens met guirlandes. 'De Bijenkorf heeft 't', en dat allemaal onder een kolossale mansardekap waarop nog een loos torentje staat. Daarmee wilde Van Straaten een hommage brengen aan het Paleis op de Dam. Het verschil? Alleen in de Bijenkorf is de klant koning.

There is a memorable photograph of 1900, on which one sees the Bijenkorf's temporary shop, while the main Bijenkorf is being constructed. Dam square still has an open side, and behind it is the new Exchange by Berlage, heralding in the new century. Once the first large department store is completed it is as if one is taken back to the 19th century, that's how conventional the Bijenkorf by Van Straaten is. He modelled the Bijenkorf after Au bon Marché in Paris and Marshall and Snelgrove in London. As was often the case, foreign countries beat the Dutch to it, but all turned out well in the end, for this shopping palace attracts people from Amsterdam and far beyond. Maybe it wasn't the garlands with abundant fruit on the facade, or the chimneys, also with garlands, that did it. In any case, the Bijenkorf is a huge success, and all this under a colossal mansard roof with a small - non-functional - tower. This tower manifests Van Straaten's desire to pay homage to the Royal Palace on Dam square. The difference? Only in the Bijenkorf is the customer king.

1913

Waalseilandbrug
J.M. van der Mey

Schending van het oude Amsterdamse stadsschoon, was de kritiek op dit gevaarte dat in 1913 de Binnenkant en de Oude Waal met elkaar verbond. Gevaarte ja, want er is geen brug in Amsterdam die zo log in het water staat. Het is bijna geen brug meer, maar een massief bouwwerk waar toevallig water onderdoor stroomt. Een miniatuur-uitvoering van de Ponte Vecchio in Florence. Van der Mey besefte dat hij een gevoelige snaar had geraakt. Hij zei: 'het is dan eigenlijk ook te erg, deze aanslag op het heiligheidsje van de Amsterdamsche brug'. Karakteristiek zijn de driehoekige bruggewelven en het smalle middenstuk voor de doorvaart. De Waalseilandbrug is de voorloper van Van der Mey's Scheepvaarthuis. En waarom maakte hij zo'n gesloten brug? Om te accentueren dat de Waalseilandgracht een verlengstuk van de haven is, een ligplaats. En die kon wel een stevige kademuur gebruiken.

Desecration of the old city of Amsterdam – this was the criticism bestowed on this colossus that connected the Oude Waal with the Binnenkant in 1913. It is truly colossal, for there is no bridge in Amsterdam that stands as solidly in the water as this. It can hardly be called a bridge, for it looks more like a massive building with water accidentally flowing beneath it. A miniature Ponte Vecchio. Van der Mey realised he had touched upon a sensitive issue. He stated: 'it is really revolting, this attack on the bridges of Amsterdam'. Characteristic are the triangular arches and the narrow central passage. The Waalseiland bridge is the predecessor of Van der Mey's Scheepvaarthuis. Why did he create such a massive bridge? To emphasise that the Waalseiland canal is an extension of the harbour, a mooring place, which could surely use a sturdy embankment.

1914

Spaarndammerplantsoen
M. de Klerk

'Is het Spaarndammerplein geen sprookje dat je als kind gedroomd hebt, omdat het iets was, wat voor ons kinderen niet bestond?' Dat schreef een buurtbewoonster bij de dood van De Klerk in 1923 aan *Het Volk.* Een sprookje in baksteen, met trappenhuizen die overgaan in schoorstenen, met verscholen portieken en raampjes als perforaties. Met andere woorden een arbeiderskasteel. Het oranje in de dakpannen is feller dan dat van het Koninklijk Huis en de façade leeft net zo'n eigen leven als de voorgevel van het Paleis op de Dam. Het is de architectuur van de overrompeling, van het grote gebaar en dat is, zoals bekend, de methode om de aandacht af te leiden van de minpuntjes, in dit geval een wat doorsnee plattegrond. Maar het plantsoen heeft een wand gekregen die niet over het hoofd kan worden gezien.

'Isn't the Spaarndammerplein a fairytale you dreamt as a child, because it was something that did not exist for us as children?' a woman living in this neighbourhood wrote to the newspaper Het Volk in 1923, on the death of De Klerk. A fairytale in brick, with stairwells that become chimneys, with hidden portals and small windows like perforations. In other words, a working man's castle. The orange tiles are brighter than the orange used to represent the Royal Family, and the facade leads a life of its own, just like the exterior of the Royal Palace on Dam square. The architecture is one of surprise, one of the grand gesture, a well-known way to distract viewers from shortcomings, such as the unimpressive floor plan. Nonetheless, the Spaarndammerplantsoen now has a wall that cannot be overlooked.

1915

Scheepvaarthuis
Prins Hendrikkade 108-114
J.M. van der Mey

Dat het Scheepvaarthuis van binnen en van buiten golft, om niet te zeggen klotst, spreekt vanzelf. Hier waren decennia lang zes scheepvaartmaatschappijen gezeteld, nog steeds aanwezig in de initialen op de hekwerken en gesymboliseerd in de gebrandschilderde ramen. Het Scheepvaarthuis van Van der Mey ademt het zilte nat, het lijkt met zijn bouwkundige scheepsboeg het zeegat te willen kiezen. Het is een oceaanstomer die verder wil, met kapiteins die uit elke nis een oogje in het zeil lijken te houden. Zo gesloten als het van buiten lijkt, zo verrassend licht is het interieur, met als hoogtepunt de glazen kap boven het trappenhuis in de 'plecht'. De rijkdom dringt zich overal op, het hele gebouw is een ode aan het siersmeedwerk dat zich krult om de lampen, spiraalt in de balustrades en kronkelt voor de haarden. Tropisch hout in de lambrisering van de grote vergaderzaal. Daarmee getuigt het eveneens van een koloniale natie met gebiedsdelen overzee.

It goes without saying that the Scheepvaarthuis undulates on the inside as well as on the outside. For decades, six shipping companies had offices here, their initials still visible in the railings, and their names symbolised in the stained glass windows. The Scheepvaarthuis embodies the sea, it seems as if its architectural bow wants to set sail. It is like an ocean steamer that wants to sail on, with captains keeping a watchful eye on things from every angle. On the outside it looks shut, but inside it is amazingly light; the most outstanding feature being the glass dome above the stairwell in the 'forecastle'. The place emulates wealth; the whole building is an ode to the wrought ironwork that winds its way around the lamps, spirals in the balustrades and ripples before the fireplaces. Tropical wood, in the wainscoting of the large conference room attests to the presence of a nation with overseas colonies.

1916

Gerzon
Nieuwezijds Voorburgwal 303
A. Moen

Toen de aanleg van Plan-Zuid begon verrees in de Kalverstraat een warenhuis van de architect Moen, niet een naam die voorop ieders lippen ligt bij een terugblik op een eeuw Amsterdamse bouwkunst. Hij bouwde de Bethlehemkerk in Noord en het warenhuis Gerzon aan de Kalverstraat (tegenwoordig Marks & Spencer). De grijs-groene gevel met een ingetogen art deco-versiering is een zeldzaamheid in Amsterdam. Bijzonder is ook dat het gebouw zichtbaar van beton is. Dat werd in de jaren 1910 meestal nog aangekleed of verhuld. De versiering is zó ritmisch op de gevel aangebracht dat het gebouw een rust uitstraalt die op de schreeuwerige Kalverstraat hoek Sint Luciënsteeg weldadig aandoet. Het is niet meer te zien hoe de gebroeders Gerzon samen met Moen verschillende panden hebben samengevoegd tot een warenhuis van een prettige omvang, met als *finishing touch* een gebrandschilderd raam in het trappenhuis.

With the construction of *Plan-Zuid*, a department store sprang up in the Kalverstraat which was designed by A. Moen; not a name that immediately comes to mind when one looks back upon a century of Amsterdam architecture. He built the Bethlehem church in Amsterdam-Noord and the Gerzon department store, presently Marks & Spencer, in the Kalverstraat. This department store has a grey-green facade with subdued art deco ornaments that are rarely found in Amsterdam. The fact that it is simply made of concrete is also rather special, for around 1910 concrete was often decorated or concealed. The decorations on the facade are so rhythmic that the whole building radiates a calm that is wonderful to experience in the noisy Kalverstraat, right on the corner of the Sint Luciënsteeg. It is unbelievable that one cannot see any traces of how the Gerzon brothers and Moen combined different houses into a single building, into a department store of pleasant dimensions, with a stained glass window in the stairwell as a finishing touch.

1917

Het Schip
Zaanstraat/Hembrugstraat
M. de Klerk

De toren en de erkers zijn het meest expressieve wat Amsterdam deze eeuw te bieden heeft. Architectuur gaat in Het Schip van De Klerk samen met beeldhouwkunst. Hoe kon er uit dakpannen en bakstenen een compositie van gebogen lijnen gesmeed worden en dat in een driehoekige vorm, waar de naam Het Schip naar verwijst? De toren aan de Hembrugstraat heeft met zijn trans iets weg van een minaret, zo rank zoekt hij de weg naar de hemel. Daar tegenover staat dan aan de andere kant van het blok - boven de ingang van het voormalige postkantoor - een korte stompe toren, met een waterval van donkerrode dakpannen als daklijst. Als een torpedo gevangen in baksteen hangt een erker op de hoek van de Zaan- en Oostzaanstraat, met ramen die gericht zijn op de straat en een topraam dat het licht van boven opvangt. Alleen al de vorm van de ramen, langwerpig dan wel smal verticaal, soms driehoekig, maakt Het Schip tot een onovertroffen blok. Het bevaart geen woeste zee, het is een woeste zee.

The towers and the oriel windows of this block of council houses are the most expressive to appear in Amsterdam this century. In Het Schip (The Ship) by De Klerk, architecture and sculpture go hand in hand. Here one can see how a composition of curved lines is created from bricks and tiles in a triangular shape, hence the name Het Schip. The crenellated tower at the Hembrugstraat looks a bit like a minaret, with its slender form stretching to the heavens. In contrast to this, a short, truncated tower with a waterfall of dark red roof tiles as the cornice is placed on the other side of the block, above the entrance to the former post office. An oriel window, like a torpedo caught in brick, is placed on the corner of the Zaanstraat and the Oostzaanstraat. Its windows face the street, and a window at the top catches the light from above. The shapes of the windows alone, elongated, narrow vertical or even triangular, make Het Schip a masterful block of houses that has never been surpassed. It does not sail on rough seas, it is the rough sea.

1918

Transvaalkade/De la Reijstraat

H.P. Berlage & G. Versteeg

Een trapgeveltje in de 20ste eeuw en dan ook nog van Berlage? Nee, het is geen vergissing, maar een coproductie van Berlage & Versteeg. Het past in de behoudende sfeer van begin jaren twintig, noem het een neo-neo-renaissance waarbij de Hollandse bouwdoos werd omgekieperd. Desondanks is het een karakteristiek blokje. Een poort doorbreekt de wand met hoge huizen, daarachter ligt een straat met de sfeer van het hofje, ook al vernoemd naar een Zuidafrikaanse streek of held. De levendigheid zit 'm echter in de mansardedaken, afwisselend hoog en laag. En het had een primeur: wc's die op het riool waren aangesloten.

A stepped gable in the 20th century by no one less than Berlage? No, this isn't a joke, this is a co-operative effort between Berlage & Versteeg. It fits well into the conservative atmosphere of the early 1920s; call it neo-neo-renaissance if you like, whereby the box containing Dutch building styles was tipped over. Nevertheless, a characteristic block of council houses. The gate transcends the wall of high houses. Behind it lies a street with the feel of a courtyard, also named after a South African region or hero. It is, however, the mansard roofs, varying from high to low that make this place lively. This block of houses was also a first: it had toilets connected to the sewage system.

1919

Amsterdams Lyceum
Valeriusplein 13-15
H.A.J. & J. Baanders

Scholen horen streng te zijn, gezag en ontzag uit te stralen, anders neemt de leerling maar een loopje met de docent. Het Amsterdams Lyceum staat daarmee op één lijn met het Barlaeus en het Vossius, namen van Amsterdamse scholen waar niet eens meer een achtervoegsel bijhoeft. We begrijpen het zo wel. Toch is er een element dat dit gebouw van de gebroeders Baanders (hoewel het evengoed van Berlage had kunnen zijn) anders maakt dan andere scholen, namelijk de poort. Of liever gezegd de vier poorten, twee voor voetgangers, twee voor gemotoriseerd verkeer. Daarmee is de school een membraan tussen het deftige Oud-Zuid en het al even deftige Nieuw-Zuid. Hij sluit het Valeriusplein niet af, nee, hij houdt een belofte in voor het Olympiaplein erachter en vice versa. Maar natuurlijk is die poort vooral symbolisch, het is de entree van de leerling in de maatschappij.

Schools should be strict and invoke respect for authority, otherwise the students will take advantage of their teachers. In this regard the Amsterdams Lyceum's philosophy is similar to the Barlaeus and the Vossius, names sufficient to define their function. One gets the picture. And yet, this building by the Baanders brothers (it could just as easily have been Berlage) has one feature that distinguishes it from the others; the gate, or rather the four gates, two for pedestrians and two for vehicles. The school is thereby transformed into a membrane between the distinguished Oud-Zuid district and the just as distinguished Nieuw-Zuid district. The gate does not close off the Valeriusplein, but holds a promise for the Olympiaplein beyond, and vice versa. Above all, this gate symbolises the students' passage into society.

1920

Tuschinski
Reguliersbreestraat 26
H.L. de Jong

Toen films nog een soort kermisvermaak waren, en dus gedraaid werden in een rond-trekkende tent, hielp Tuschinski als een van de eerste podia de nieuwe kunstdiscipline van de 20ste eeuw aan land. In een theater dat je nog steeds kermis zou kunnen noemen. Een goedaardig *Kabinett des Dr. Caligari*, een horrorfilm uit 1919, het jaar dat Tuschinski in de steigers stond. Tuschinski, daar houd je van of niet, het is geen architectuur, het staat van top tot teen in het teken van de verleiding. De voorstelling mag niet inzakken, de aandacht niet worden afgeleid; elk lampje, elke trapspijl, elk stukje smeedwerk schreeuwt om aandacht. Het lijkt met andere woorden Hollywood wel. De Cineac van architect Duiker is grijs, wit of kleurloos, Tuschinski van De Jong is rood. Kermisrood.

When films were still a fairground attraction shown in a tent, Tuschinski was one of the first to create a building for this new art form of the 20th century, a cinema that in many respects is still a fairground. It looks like a good-natured *Kabinett des Dr. Caligari*, a horror film made in 1919, the year Tuschinski was constructed. Tuschinski, you either love it or leave it. This isn't architecture, it's pure seduction; the show must go on, one's attention must not be distracted; every tiny lamp, every banister, every piece of ironwork is crying for attention. In other words: it is a bit like Hollywood. The Cineac by architect Duiker is grey, white or colourless; Tuschinski by De Jong is red, fairground red.

1921

De Dageraad
P.L. Takstraat
M. de Klerk & P.L. Kramer

Slagroomstijl is de Amsterdamse School wel eens smalend genoemd, omdat het baksteen vloeiend over de gevel lijkt te zijn gesmeerd. Op de hoek van de P.L. Takstraat en de Burg.Tellegenstraat bereikt deze beeldhouwkunst zijn hoogtepunt. Uit verspringende golven van steen rijst een brede gewelfde toren op, met verticaal de naam van de woningbouwvereniging die opdracht gaf voor deze arbeiderswoningen, De Dageraad. De Klerk & Kramer schiepen in deze buurt straatwanden die nooit vervelen omdat de huizenblokken in elkaar geschoven lijken te zijn, de donkere portieken een contrast vormen met de zonnige gevels. Ieder detail, van de roeden in het raam tot de schoorsteen, staat in dienst van een *Gesamtkunstwerk*. Het was het hoogtepunt en tegelijk het sluitstuk van het huwelijk tussen ambacht en architectuur in Amsterdam.

The Amsterdam School has once been mockingly called whipped-cream style, because the bricks seem to have been applied smoothly over the facade. This sculptural architecture reaches its peak on the corner of the P.L. Takstraat and the Burg. Tellegenstraat. From billows of stone rises a broad, undulating tower, with vertically the name of the housing association that commissioned these workers' houses, De Dageraad. In this neighbourhood De Klerk & Kramer created street facades that never become boring, because the housing blocks seem to mesh into each other, and the dark portals contrast beautifully with the bright facades. Every detail, from the glazing bars to the chimneys, is part of a *Gesamtkunstwerk*. It was both the pinnacle and at the same time the end of the marriage between craftsmanship and architecture in Amsterdam.

1922

Harmoniehof
J.C. van Epen

Wie de Harmoniehof binnenloopt laat het stadslawaai achter zich en komt een andere wereld binnen. Een heus hofje van de 20ste eeuw, met een langwerpig plantsoen in het midden dat reminiscenties oproept aan een Franse tuin. Aan de koppen van dit plantsoen twee royale villa's met een schuin dak. Van Epen bedreef hier een kalme versie van de Amsterdamse School. Ritmisch rijgen de puntige erkers van de woningen zich aan weerszijden aaneen, de decoratie is beperkt tot geabstraheerde plantenmotieven in de natuurstenen hoeklijst. Van Epens architectuur is minstens zo fraai aan de Lastmankade of op de Amsteldijk, maar in de Harmoniehof trekt hij zich even terug uit de stad, en geeft zo een sfeervolle oase aan de stad terug.

Whoever enters the Harmoniehof leaves the noise of the city behind and enters a new world. A true courtyard of the 20th century, with a long rectangular yard in the middle that reminds one of a French garden. At the ends of this yard are two large villas with a slanted roof. The architect used a low-key version of the Amsterdam School. On either side the pointed oriel windows of the houses mesh rhythmically together. The decorations on the stone corners are limited to patterns based on plant motifs. The architecture by Van Epen is at least as fine on the Lastmankade or on the Amsteldijk, but in the Harmoniehof he withdraws from the city, offering it a peaceful oasis.

1923

Hacquartstraat
F.A. Warners

Noem het een compositie, een muziekstuk in zwart, wit en grijs, dit woningblok van Warners in een straat waar je eerder baksteen zou verwachten. Warners gebruikte korrelbeton en zwart-witte tegels die de grote erkers en de verdiept liggende etages accentueren. Ook het torentje en de schoorstenen zijn ermee versierd. Er kan geschaakt worden op de gevel. Over de volle breedte loopt op de eerste verdieping een veranda. Deze wordt op twee plaatsen onderbroken door royale ronde balkons. Zwart-wit, het thema gaat door in de deurlijst en zelfs in het hekwerk, dat is opgenomen in het ontwerp. En dan is er nog - als klein maar niet onbelangrijk detail - het huisnummer, dat zich in krullen afzet tegen het strakke lijnenspel.

Call it a composition or a musical work in black, white and grey, this housing block in a street where you would expect to find brick. Warners used gravelled concrete and black and white tiles that accentuate the large oriel windows and the set-back upper floors. The small tower and the chimneys are decorated in the same way. You can play chess on the facade. Across the front of the house on the first floor is a veranda, disrupted in two places by large, round balconies. The theme black and white continues in the doorcase and even in the railings. And then there is a small but important detail: the curling house numbers that offset the taut facade.

1924

Betondorp
D. Greiner & J. Gratama e.a.

Betondorp is als een serie in een postzegelalbum, je ziet de samenhang maar tegelijkertijd de verschillen. Zo ook in de Zaaiersweg, de Ploegstraat en de Brinkstraat. Ook al tekenden er verschillende architecten aan de woningen, ze zijn aan één gedachte ontsproten; lichte en luchtige huizen voor arbeiders. Platte daken waren voorschrift. Gebouwd werd met een voor 1925 nieuw materiaal, namelijk beton. In een serie postzegels is er altijd een die het vaakst op brieven wordt geplakt. In Betondorp is dat de bibliotheek van Greiner, uitgevoerd in korrelbeton. De bibliotheek annex verenigingsgebouw is een compositie van horizontale lijnen - pergola, entree - en verticale accenten - de schoorstenen. Op de gevel wisselen symmetrie en asymmetrie elkaar af. De gevel springt in of kraagt uit. Een groot venster voor de leeszaal naast vierkante patrijspoorten voor een trappenhuis. In 1981 mocht Onno Greiner het monument van zijn vader restaureren en sindsdien is die bibliotheek er weer, als middelpunt van een gemeenschap die geschiedenis heeft geschreven, en niet alleen architectonisch. Het idee dat zowel Gerard Reve als Johan Cruijff hier boeken hebben geleend...

The housing estate Betondorp is like a series in a stamp collection, you see the connection and at the same time the differences. So too then the Zaaiersweg, the Ploegstraat and the Brinkstraat. Though various architects designed them, they originated from one concept, namely creating simple, light and airy houses for the working class. Flat roofs were standard. Buildings were constructed in concrete, a new material for 1925. In a series of stamps there is always one that, because of its value, is used most often. In Betondorp it is the library by Greiner, built in gravelled concrete. The library and club building consists of a composition of horizontal lines – pergola, entrance – with vertical accents – the chimneys. On the facade symmetry alternates with asymmetry, and the facade concertinas in and out. A large window in the library next to square portholes in a stairwell. In 1981 Greiner was allowed to restore the monument built by his father, and since that time the library is there again as the centre of a community that has made history, and not only architectural history. Imagine - Gerard Reve and Johan Cruijff both borrowed books here.

1925

Nederlandsche Handel-Maatschappij
Vijzelstraat 30-34
K.P.C. de Bazel

Heineken liet een bierbrouwerij bouwen en de NHM een nieuw hoofdkantoor. Beide zouden internationaal gaan meetellen. Bier moet vloeien, geld moet rollen. De NHM, tegenwoordig het hoofdkantoor van de ABN-Amro bank, was de koning van de Vijzelstraat. Twee lichthoven met crèmekleurige wanden en travertijn met zwarte accenten breken het gebouw als het ware open. Van buiten denk je: een Borobudur in Amsterdam, niet in de laatste plaats door de zwart marmeren beelden van Mendes da Costa boven de ingang, de getrapte gevel die naar boven toe steeds verder naar binnen springt en het patroon van natuur- en baksteen. Massief, monumentaal, dat is allicht de eerste indruk, maar de hoeveelheid details en speelse elementen maken dat beeld ongedaan. De verrassing binnen is dat er nog een compleet interieur van een 17de-eeuws grachtenhuis is geconserveerd, zodat je van de 20ste eeuw ineens in een tijdmachine stapt die je terugvoert in de tijd. De verrassingen buiten zijn aardigheden als *Safe Deposit* in haut-reliëf boven een zijdeur en daarboven een grijnzende kop van een leeuw of kobold. Afschrikwekkend genoeg voor bankrovers.

Heineken built a brewery, the NHM a new head office, and both would obtain international reknown. Beer has to pour, money has to flow. The NHM, presently the ABN-Amro head office, was king of the Vijzelstraat. Two light courts with cream coloured walls and travertine with black accents opens the building up. On the outside images of the Borobudur come to mind, mainly because of the black marble statues by Mendes da Costa above the entrance and the stepped facade that recedes as it rises, as well as the pattern of brick and stone. One's first impression is that the building is massive and monumental, but the many details and ornamentations soon dispel this notion. Surprisingly, inside you find a completely restored interior of a 17th-century canal house. It is as if you have entered a time machine that takes you back three centuries. The exterior of the building also includes nice surprises such as the words Safe Deposit in high relief above a side door, with above it the head of a grinning lion or ogre, which wards off bank robbers.

1926

Mercatorplein
H.P. Berlage

Bijna dertig jaar lang (tussen 1961 en 1997) moest het Mercatorplein het met één toren stellen, en dat is net zo iets als een mens met één been. Want alles gaat in tweeën op dit knooppunt in de gordel 20-40, en bovendien is alles asymmetrisch. Behalve die twee torens zijn er twee kiosken, twee bomen in een rond perkje en twee hoofdwegen die op het plein uitkomen. Als je de luchtfoto uit 1929 bekijkt zie je hoe het Mercatorplein in stadsdeel De Baarsjes functioneert. Een plein als een molenwiek. Het is een spil in de buurt, zeker sinds het in de jaren negentig door de architect W. Patijn is geactualiseerd. Waar het asfalttapijt opkrult verdwijnen de auto's onder de grond. Erboven zeilt de jeugd de helling af. Bovengronds is de geest van Berlage terug, en dat betekent een uitgekiende samenhang van architectuur en stedenbouw, waar galerijen en poorten beslotenheid waarborgen en de hemel boven het plein opentrekt. Uit hetzelfde - rijke - jaar: de nabijgelegen Hoofdweg van H. Wijdeveld.

For almost thirty years (between 1961 and 1997) the Mercatorplein had to make do with only one tower, and that's just about the same as a person with one leg, for everything comes in pairs at this junction of the 1920-1940 extension. Furthermore, everything is asymmetric. Beside the two towers there are two kiosks, two trees in a small round park and two main roads leading to the square. Looking at an aerial photograph of 1929, the square resembles the sail arm of a windmill. This is the function of the Mercatorplein in the De Baarsjes district, it's a pivot in this neighbourhood, especially after it was renovated in the 1990s by the architect W. Patijn. Where the tarmac carpet curls up, cars disappear underground. Overhead, youngsters coast down the ramp. Above ground the spirit of Berlage has been recaptured, which assures a strong cohesion between architecture and urban development, in which galleries and gates ensure privacy, and the square opens up to the sky. From the same - fruitful - year: the Hoofdweg by H. Wijdeveld.

1927

Olympisch Stadion
Stadionplein
J. Wils

Nog voor het sluiten van de 20ste eeuw gaat het Olympisch Stadion van de architect Wils zijn tweede leven in. Terug naar het oer-ontwerp, alleen nu met een atletiekbaan in plaats van een wielerbaan rondom het veld. Onder de tribunes, waar zich vroeger bestuursleden en atleten ophielden, zijn nu bedrijfjes gevestigd. Markant middelpunt is de slanke Marathontoren die in al zijn ijlheid een tegenwicht vormt tegen de wat logge tribunes. Hij staat ook heel eigenwijs naast de hoofdas. Het was voor het eerst in de geschiedenis van de Spelen dat het Olympisch vuur in de schaal werd aangestoken. De toegang naar de tribune is makkelijk te vinden: je gaat op het licht af. Terug is het nog makkelijker, via kleine trappen en inspringingen in de muur weet het publiek de richting te vinden. En zo stroomt het publiek van de Olympische berg af, over steeds bredere trappen. Afbraak, zo laat de restauratie zien, zou heiligschennis zijn geweest.

Before the 20th century closes, the Olympic Stadium will have had new life blown into it. Back to the original design, but with an athletics track instead of a cycling track around the field. The area underneath the stands, once the domain of officials and athletes, now houses small companies. The striking centre of the stadium is the slender Marathon tower, placed boldly aside the main axis, its slender form counterbalancing the solid stands. It was here that for the first time in the history of the Olympic games the Olympic fire was lit in a bowl. Finding one's way to the stands is easy: simply follow the light. Finding the exit is even easier: small staircases and receding walls direct the public where to go. And so the people stream down the Olympic mountain, over stairs that become wider and wider. The restoration of this building proves that demolition would have been truly disastrous.

1928

Openluchtschool
Cliostraat 36-40
J. Duiker

De verrassing van de Eerste Openluchtschool voor het Gezonde Kind is de ligging, gedraaid op een binnenterrein aan de Cliostraat, als een prisma dat het licht opvangt en doorstuurt naar het lichaam. Een school als een long in de buurt. De diagonaal geplaatste kubus maakt het mogelijk dat één hoek automatisch als luifel (en dus als entree) kan dienen en de uitsparingen daarboven als openlucht-lokalen voor stadskinderen die wel wat frisse lucht kunnen gebruiken. Het is een vederlicht gebouw, en dat komt door de grote glasstroken tussen de betonnen platen, maar ook door de plaatsing van de kolommen: niet op de hoek maar in het midden van de kwadrantzijden. Je knippert even met je ogen alsof je niet gelooft dat het waar is, dit zwevende wonder in Amsterdam-Zuid. Als je je ogen weer opent en kinderen ziet in- en uitlopen, de docenten voor de klas, besef je dat er nog altijd leven zit in Duikers meesterwerk.

What is surprising about the First Open Air School for the Healthy Child is its position diagonal in the courtyard, like a prism catching the light and directing it to the body. A school that functions as the lungs of the neighbourhood. Because the cubical building is placed in a diagonal position, one corner can be used as a canopy and entrance; the recesses above are open air classrooms for city children who can certainly use a bit of fresh air. The building is as light as a feather, due to the wide panels of glass between the slabs of concrete, and to the position of its columns: not on the corners but in the middle of the sides of the quadrant. You blink your eyes for a moment and think it can't be true, this floating wonder in Amsterdam-Zuid. When you open your eyes again and you see children walking in and out, and the teachers in the classroom, you realise that Duiker's masterpiece is still alive and well.

1929

De Telegraaf
Nieuwezijds Voorburgwal 225
J.F. Staal

Monumentaal en toch onopvallend, dat is het voormalige Telegraaf-gebouw ten voeten uit. Alleen in details laat het zich gelden, zoals de grijze strook natuursteen aan de linkerkant en de ranke toren, nu werkloos, maar ooit drager van het Telegraaf-logo. Waar het natuursteen overgaat in baksteen, knikt de gevel voorzichtig. Als je goed kijkt zie je dat de Nieuwezijds Voorburgwal daar ook een flauwe bocht maakt. Staal kruiste de Nieuwe Zakelijkheid - grote vensters die licht brachten in de redactielokalen - met Amsterdamse School - de versieringen op de consoles. Of de concurrentie het nu wilde of niet, dit was het centrum van de Amsterdamse *Fleet Street* totdat de pers naar de buitengewesten vertrok. Afgezien van het Handelsbladgebouw en het opmerkelijke gebouw van de Telegraaf heeft geen enkele krant een spoor achtergelaten op de Nieuwezijds.

Monumental yet discreet, that is the perfect description of the former building of De Telegraaf newspaper. Only its details are prominent, for example the grey strip of stone on the left, or the slender tower, once carrying the Telegraaf logo, though now no longer in use. Where the stone turns into brick the facade makes a slight curve. When taking a closer look at the Nieuwezijds Voorburgwal one notices that the road curves slightly too. Staal combined the Nieuwe Zakelijkheid (large windows that brought light into the newsrooms) with the Amsterdam School (decorated corbels). Despite what the competition may have thought of it, this was the heart of Amsterdam's 'Fleet Street', until the press moved to the outskirts of the city. Except for the Handelsblad office building and the remarkable Telegraaf office building, no newspaper has left a mark on the Nieuwezijds Voorburgwal.

1930

Cinetol

Tolstraat 154

J.A. Brinkman & L.C. van der Vlugt

De eerste film die er draaide was een verkeerde, de 'kostelijke ontspanningsfilm' *Immer nur du*. Dat was in 1942. Bij de laatste in 1979 kon de cinefiel zijn tranen de vrije loop laten: *Preparez vos mouchoirs*. Tussen die tijd lag een periode met revues, operettes, cabaret, Willy Alberti en Pia Beck (de jaren vijftig), de Franse nouvelle vague en verhitte discussies na de nachtfilm. Voordat een pientere Amsterdammer de naam Cinetol (een combinatie van *cinéma* en Tolstraat) bedacht, heette het gebouw Cultura en daarvoor Thalia. Van theosofisch verenigingsgebouw via bioscoop naar bibliotheek, dat kan alleen met een gedenkwaardige architectuur: een koperen dak als een skihelling en een zaal als een driekwart punt Limburgse vlaai. Dit zeer wellustige ontwerp van Brinkman & Van der Vlugt paste dan ook alleen in Amsterdam.

The first film that was shown in this cinema was a dubious one, the 'light, comical film' *Immer nur du*. The year was 1942. The last film shown was a downright tear-jerker: *Preparez vos mouchoirs*, in 1979. The years in between were marked by revues, light opera, cabarets, and jazz (the fifties), the French *nouvelle vague*, and heated discussions following the night films. Before a clever Amsterdammer baptised the building Cinetol (a combination of *cinéma* and Tolstraat), it was called Cultura, and before that Thalia. The move from theosophical society to cinema and later to library was made possible thanks to a memorable piece of architecture: a copper roof resembling a ski slope and a hall shaped like three-quarters of an apple pie. This, the most seductive building Brinkman & Van der Vlugt ever designed, couldn't have been built anywhere but in Amsterdam.

1931

Wolkenkrabber
Victorieplein
J.F. Staal

Als je aan de voet staat van die glazen schacht, het trappenhuis, en je kijkt omhoog, ja dan waan je je voor een heuse wolkenkrabber. Het was ook het eerste hoge gebouw van Amsterdam toen het in 1930 uit de steigers kwam, vrijwel gelijktijdig met de Berlagebrug die in het verlengde ligt. Vanaf het Merwedeplein gezien wordt het gebouw nu overvleugeld door de Rembrandttoren, die pas over 100 jaar de status van de allereerste hoogste wolkenkrabber krijgt; Staals toren blijft altijd de eerste. Onovertroffen. Na 65 jaar weer terug in zijn oude gele huid met de bijbehorende gele kozijnen, maar niet meer met de eerste vuilstortkoker van Amsterdam.

If you look up from the foot of the glass shaft that forms the stairwell, *then* you find yourself facing a true skyscraper. When the scaffolding around it was taken down in 1930, this was the first high-rise building in Amsterdam, completed almost simultaneously with the Berlagebrug, along the axis of which the skyscraper lies. Seen from the Merwedeplein the building is now overshadowed by the Rembrandt tower, which in a number of years, perhaps a hundred, will actually be regarded as Amsterdam's first real skyscraper. Staal's 'skyscraper' was the first though, undeniably a milestone. Returned to its original yellow coating with matching yellow window-sills after 65 years, but no longer with Amsterdam's first rubbish chute.

1932

Cineac
Reguliersbreestraat 31
J. Duiker

De schreeuwerige letters van Planet Hollywood op het dak, de panelen met een zebra-motief die achter de ramen zijn gespannen, ze blokkeren het zicht op de authentieke Cineac van Duiker. In het interieur lijkt een veldslag te hebben gewoed. Daar is de schelpvormige zaal, afgestemd op doorlopende voorstellingen, bedolven onder bord-kartonnen filmsterren. Ondanks de aanval van Hollywood blijft de Cineac (samentrek-king van *cinéma* en *actualité*) het symbool van de Nieuwe Zakelijkheid, belichaamd in het stalen skelet, de metalen gevelplaten en de panoramische vensters. Verdwenen zijn het verrijdbare kaartjesloket, de projectieruimte boven de entree en de verwar-ming onder de luifel, die trouwens nauwelijks heeft gefunctioneerd. Osewoudt, de hoofdpersoon uit Hermans' *Donkere kamer van Damocles* vluchtte er binnen en zag zijn opsporingsbevel op het doek; de eerste pasjes van de jonge prinses Beatrix wer-den er vertoond, en daarna nazi-propagandafilms. De Cineac heeft kortom al zoveel geschiedenis dat een gerimpeld en opgelapt gelaat erbij hoort.

The original Cineac by Duiker is completely blocked by the neon Planet Hollywood, which seems to scream down at you from the roof, and the zebra-patterned panels at-tached behind the windows. It seems like the interior of the building has gone through a major upheaval. The shell-shaped hall, well suited to continuous performances, is cover-ed with cardboard film stars. But despite the onslaught of 'Hollywood', the Cineac (a combination of *cinéma* and *actualité*) remains the symbol of the Nieuwe Zakelijkheid, with its steel frame, the steel cladding and the panoramic windows. The box-office on wheels has disappeared, as has the projection area above the entrance and the heating under the porch, which never functioned properly anyway. The first steps of young Princess Beatrix could be watched here, and later on Nazi propaganda films. The cinema even featured in a novel by the famous Dutch writer W.F. Hermans. It already has such a rich history that a wrinkled and patched up face suits it.

1933

Atelierwoningen
Zomerdijkstraat/Uiterwaardenstraat
P. Zanstra, K.L. Sijmons & J.H.L. Giesen

De architect A. Staal ervoer deze indringer in de gesloten bouwblokken van Amsterdam-Zuid als een verademing. 'Tusschen veel ongerechtigtheden staan de atelierwoningen des te gaver: strak, mooi en waar'. Aan de noordkant een ruimhartige glaswand, aan de zuidkant een regen van balkonnetjes. Daarmee baarde het drietal Zanstra, Sijmons & Giesen in 1934 al opzien voordat het project klaar was. Ook de bouw bleef niet onopgemerkt. Een enorm stalen skelet rees boven de omliggende huizen uit. De voorste balustrades van de balkons zijn afschroefbaar zodat de kunstenaars hun schilderijen konden takelen. En de ronde raampjes aan de zijkant zijn zo gericht dat er geen vals licht in de ateliers kan vallen. Hier ontstond vooral voor de Tweede Wereldoorlog een kleine kunstenaarskolonie, bestaande uit onder meer de beeldhouwer Han Wezelaar en de schilders Jaap Hillenius en Gerrit van der Veen, de latere verzetsstrijder. Uit de jaren vijftig bestaat een foto waarop de veegploeg met zijn karretjes op het punt staat te vertrekken: de ateliers waren in handen gevallen van de reinigingsdienst. Sinds de restauratie van 1990 is ook dat weer verleden tijd.

The architect A. Staal regarded this intruder in the enclosed building blocks as a breath of fresh air. 'Between the many flawed buildings that surround them, the studio houses appear all the more perfect: austere, beautiful and real'. On the north side an enormous glass wall, on the south side a cascade of small balconies. In 1934 the architects Zanstra, Sijmons & Giesen caused quite a stir with their design, even before the project was completed. The construction itself also drew a lot of attention. A huge steel frame arose above the surrounding houses. The front balustrades of the balconies can be unscrewed, enabling artists to hoist their artworks in or out. Also, the round windows on the side walls have been positioned in such a way that optimum light enters the studio. In the period before the Second World War in particular, a small artists' community gathered in this complex, among them the sculptor Han Wezelaar and the painters Jaap Hillenius and Gerrit van der Veen, the later resistance fighter. A photograph dating from the 1950s shows a group of sweepers with their carts ready to depart; the studios had been taken over by the sanitation department. Since the restoration of the building in 1990, that too is a thing of the past.

1934

De Joodse Invalide
Weesperplein 1
J.F. Staal

In het jaar dat de Apollohal in Amsterdam-Zuid werd opgeleverd, een van de eerste grote sportcentra in Nederland, en de City-bioscoop ging draaien, verrees aan de Weesperstraat de Joodse Invalide. Dit bejaardentehuis voor joodse Amsterdammers, tegenwoordig GG & GD, zou nog geen tien jaar later een bijklank krijgen, omdat er vanaf die plek zoveel joden waren weggevoerd. Staal gaf de ouderen een huis als een vitrine, waarbij met name de grote glazen koepel op het dak tot de verbeelding spreekt omdat men van hieruit oogcontact kan houden met het Amsterdamse *va-et-vient*. Begin jaren negentig kreeg de interieurarchitect Benno Premsela de opdracht de glazen loge op het dak in oude staat te herstellen. Dat deed hij, maar hij voegde er bovendien iets aan toe: een neonbuis aan het plafond, zodat de serre ook 's avonds een gloed uitstraalt.

The same year the Apollohal, one of the biggest sporting halls in the Netherlands, was completed and the City-cinema showed its first films, the Joodse Invalide, a nursing home for elderly Jews from Amsterdam, and presently the headquarters of the municipal health authority, arose on the Weesperstraat. Within ten years the name had a negative connotation, as so many Jews had been deported from the building. Staal provided the elderly with housing that resembled a display case. The large glass dome on the roof in particular lets one's imagination soar, as it offers a full view of the comings and goings of the city. In the early 1990s the interior designer Benno Premsela was commissioned to restore the glass lounge on the roof to its original state. In addition he attached neon lighting to the ceiling, so that this glass lounge glows at night too.

1935

Synagoge
Lekstraat 61-63
A. Elzas

Een gebouw als een gesloten doos, heel verleidelijk voor graffitischilders hetgeen helaas het lot van de synagoge aan de Lekstraat is. Maar de mildgrijze panelen van natuursteen kunnen wel tegen een stootje. Hoe simpeler de architectuur, hoe groter de zeggingskracht. Een dak als een dunne, uitstekende plaat, vier wanden met vierkante uitsparingen en een hoog langwerpig venster op het oosten die het licht binnenloodsen in wat nu geen synagoge meer is maar een veilinghuis. Er ging een competitie aan vooraf, die werd gewonnen door Elzas met de lichtste van alle synagogen hoewel je dat aan de buitenkant niet zou zeggen. Versiering is er nauwelijks, afgezien van het ruitjeshekwerk rondom de vrouwengalerij, terwijl de plaats van de ark te herkennen is aan de nis die met vlammend marmer is bekleed. De joodse letters op de voorgevel zijn van zo'n kalligrafische schoonheid dat het lijkt of ze de hermetische gevel willen breken.

A building that looks like a closed box is always inviting to graffiti artists, and unfortunately that has turned out to be the fate of the synagogue on the Lekstraat. But the soft grey panels of stone still stand proudly. The simpler the architecture, the more it expresses. The roof is like a thin protruding plate, four walls with square recesses, and a tall elongated window to the east lets light into what used to be a synagogue but is now an auction house. A competition preceded the construction. The winner, A. Elzas, designed the lightest synagogue, though one would hardly say so by looking from the outside. The only decoration is the cross-hatched screen around the womens' gallery, while the ark is indicated by an alcove, which is clad in flaming marble. The Hebrew lettering over the entrance is of such calligraphic beauty that it is as if the letters want to break up the hermetic facade.

1936

Theehuis Vondelpark

H.A.J. Baanders

Drie ronde schijven met glas ertussen en twaalf staanders onder een luifel: ingewik-kelder hoeft een gebouw niet te zijn. Alsof er een ruimteschip - type decorstuk uit een James Bond van pakweg 1965 - is neergedaald in het Vondelpark. Het theehuis annex pachterswoning hoort thuis in de categorie voorwaardenscheppers. Meubilair van het Vondelpark. Als het er niet zou zijn, zou je het niet missen, maar omdat het er is, doe je er een moord voor. Zit je op het terras, dan vergeet je het - want je bent in gesprek met je nieuwe liefde. In de winter dringt het zich op, met zijn blauwe banden, alsof het wil zeggen: 'vergeet me niet, in de lente kom ik terug'. Met alle geweld. In de vorm van glas en beton.

Three round discs with glass in between, twelve columns beneath a canopy - that's about as simple as a building can get. It's as if a space ship from a James Bond movie from say 1962 has landed in the Vondelpark. The café and tenant house belong to the category non-essential utilities. Furniture of the Vondelpark. If it were not there, you would not miss it, but because it is there, you'd die for a seat. Sitting on the terrace you forget it's there, because you're absorbed in conversation with your new lover. In winter you can't help but notice it, with its blue rims, as if it is saying: 'forget me not, I'll be back next spring'. A bold statement in glass and concrete.

1937

Sociale Verzekeringsbank
Apollolaan 15
D. Roosenburg

Dat er in de crisisjaren zo'n optimistisch, helder en transparant gebouw kon verrijzen en dat het bovendien het juiste gebouw op de juiste plek is. En dat heet dan zorgvuldige stadsplanning. Maar deze plek was door de stedenbouwkundige dienst dan ook voorbestemd voor een monumentaal gebouw. Alles is wit en rank aan het Apollo House, zoals het nu heet: de kolommen die zich naar beneden toe versmallen, de smalle langwerpige toren daarbovenop, de ijle raamprofielen in de ronde onderbouw en het witte travertijn dat van het bordes en de trap lijkt te druipen, als karnemelk. Hildo Krop beeldhouwde voor de ingang een vrouw met een zwaard, rug aan rug met een vrouw met lam van Han Wezelaar. Waarom die toren gecombineerd met een ronde 'koektrommel'? Omdat de Sociale Verzekeringsbank werkte met een roterend archief van rentekaarten.

It is remarkable that during the depression of the 1930s such an optimistic, vivid and transparent building could be erected and, moreover, that it is the right building in the right place. That is what they called careful city planning. After all, the Urban Planning Department designated this location for a monumental building. The Apollo House, where a law firm has its offices now, is a white slender building: the columns tapering off toward the ground, the elongated tower above, the almost transparent window frames in the circular understructure and the white travertine which seems to drip from the steps like buttermilk. For the entrance, Hildo Krop sculpted a female figure with a sword, which stands back to back with a female figure with a lamb, sculpted by Han Wezelaar. Why is the tower combined with a 'round biscuit tin'? Because the Sociale Verzekeringsbank used a rotating card catalogue.

1938

Amstelstation
Prins Bernhardplein 9
H.G.J. Schelling

Niet de oorlog maar de vooruitgang was funest voor het Amstelstation. De ronde marmeren loketbalies zijn gesloopt en daar zou je de NS in hun drang om een uniforme huisstijl door te drukken om kunnen verwensen. Want juist die balies, zo handig om de tas op te leggen, zonderden de reiziger even af van de monumentale hal. Die hal waarin het licht door de dunne raamprofielen fascinerende vlakken en lijnen beschrijft. Die hal met de wandschildering van Peter Alma, draagt bij aan het verlangen om te reizen. Zo helder en overzichtelijk was een station nog niet eerder gebouwd: de hal loodrecht op het spoor geplaatst, en ook nog eens het begin van een passage onder het spoor. Schelling grossierde in stations in de jaren voor en na de Tweede Wereldoorlog, en overal liet hij zijn handelsmerk zien: een licht gebogen, ver vooruitgestoken luifel.

Not the war but progression was fatal to Amstel Station. The round marble ticket counters were demolished and the Dutch Railways should be scolded for their desire to create a more uniform house style. These very counters, on which one could place a bag, functioned as a dividing line between the traveller and the monumental hall. The hall, in which the incidence of light creates fascinating lines and planes, and the murals by Peter Alma, enhance one's desire to travel. Never has a station been built with such a clear and convenient layout; the hall is set perpendicular to the tracks, and functions as the entrance to the passageway under the tracks. Schelling was a station wholesaler before and after the Second World War and he left his trademark everywhere: a slightly curved overhanging roof.

1939

Het Nationaal Lucht- en Ruimtevaartlaboratorium

A. Fokkerweg 2

H.A. Maaskant & W. van Tijen

Het NLR is een ode aan de kromming. Die kromming zit hem in de constructie van de betonspanten die een lichte boog beschrijven. Vervolgens zie je die boog overal terug: in de erker naast de ingang, in het boogvormige raam van de hal dat de hele gevel omspant en natuurlijk in het dak dat zelfs even opkrult. Het is dus ondanks zijn zakelijke grondvorm met verticale en horizontale volumes vooral een frivole schepping. Zo'n gebouw dat lijkt te klapwieken, met zijn uitkragende daken, balkonnetjes en luifels. Het is groot, maar nergens log. Het is zakelijk maar niet streng, en met de balustrades in kruisvorm, de crèmekleurige tegeltjes en de ronde hoekramen laat het gebouw van de NLR zien dat de scherpe kantjes van de Nieuwe Zakelijkheid waren afgeslepen.

The National Aerospace Laboratory is an ode to curvature. Curvature is evident in the construction of the slightly arched concrete beams. Indeed curves can be found all over the building, in the bay next to the entrance, in the arched window which runs the entire length of the hall and, last but not least, in the roof which curls up slightly. Despite the functional structure of this building with its vertical and horizontal volumes, it is by and large a frivolous creation. It seems to flap its wings, with its overhanging roofs, balconies and porches. Though large, it is not colossal. Though functional, it is not austere. With its cross-shaped balustrades, cream-coloured tiles and round windows on the corners, the National Aerospace Laboratory softens the edges of the Nieuwe Zakelijkheid.

1940

Raad van Arbeid
Rhijnspoorplein 1
C.J. Blaauw

Het springt terug, alsof het wil zeggen: 'Ik doe niet mee met de rest van de Wibautstraat' (waar het gelijk in heeft). Ook in stijl en expressie is het een vreemde eend in de bijt en valt niet in een hokje te plaatsen; noch (nieuw) zakelijk, noch retro. Kortom, het gebouw van de Raad van Arbeid, tegenwoordig Sociale Verzekeringsbank, is een hybride en daarom misschien wel een van de meest raadselachtige gebouwen in Amsterdam. Zo'n portaal met beelden kan je vermoedelijk ergens in Italië vinden, gebouwd ten tijde van Mussolini. De portico aan de noordkant doet ook Italiaans aan, maar wat moet ie daar aan de zijkant? Het ritme van de ramen met hun stalen sponningen is daarentegen weer modern. Nee, dit eclectische kantoorgebouw staat buitenspel, of liever gezegd: langs de lijn.

This building recedes, as if it wants to say: 'I'm not playing along with the rest of the Wibautstraat' (and it's right about this). Both in terms of style and expression this building is an outsider you cannot stereotype; neither functionalist, nor retro. In short, the Raad van Arbeid building is a hybrid, which is probably why it is one of Amsterdam's most intriguing buildings. One would expect to find the portal with statues somewhere in Italy in Mussolini's time. The portico on the north side also looks Italian, but why is it placed on the side of the building? On the other hand, the rhythmic steel window frames are rather modern. No, this eclectic office building is offside, or rather on the sidelines.

1946

Amsterdamse Bos

C. van Eesteren, J. Mulder

In de crisisjaren begonnen er werkloze onderwijzers te spitten en in 1937 kwam de Bosbaan gereed. Sluipenderwijs kwamen er de bruggetjes van de hand van P. Kramer; het Amsterdamse Bos is kortom een *work in progress*. Wie aan het begin van de Bosbaan bij het ondergrondse botenhuis staat, moest het panoramische gevoel krijgen dat Versailles met zijn vijvers oproept. Het Amsterdamse Bois de Boulogne is een wijn die moet rijpen: hoe later je hem ontkurkt, hoe fijner hij smaakt. De speelvijvers hebben dat patina gekregen van veel gebruik, de ligweiden zijn gekeurd, beproefd en belegen, en het hout van de kiosken in chalet-stijl is verweerd. Er zijn tientallen *sentimental journeys* te maken door dit bos dat geen bos is, en het park dat geen park is. En er zijn zeker tien jaren die het uur U van het bos markeren. Maar hoe gaat dat met de natuur die de mens verzint? Die bepaalt zijn eigen uur.

During the depression of the 1930s unemployed teachers started digging the Bosbaan (a canal used for boat races) and in 1937 it was finished. Gradually the bridges, designed by P.L. Kramer, were constructed; and so the park reflected 'work in progress'. The idea was that from the head of the Bosbaan, next to the subterranean boat house, one would get the panoramic feeling one has when viewing the ponds of Versailles. In many ways Amsterdam's Bois de Boulogne is like a wine that has to mature, the later one opens the bottle, the finer the taste. The play ponds have got the particular patina that comes from being frequently used, the sunbathing fields are tried and tested and the boards of the chalet-style kiosks are weather beaten. One could make dozens of sentimental journeys through this forest that isn't a forest and the park that isn't a park. There are at least ten years that were critical to shaping the park. And what about all that nature we human beings create? It will simply shape itself.

1947

Verkeerspolitiehuisje
Amsterdamse Bos
P.L. Kramer

Bij de Amsterdamse bruggen van de 20ste eeuw hoort de naam van P. Kramer. Het zijn nooit zomaar oeververbindingen - neem alleen al de brug over de Singelgracht bij het Leidseplein. Ze zijn rijk versierd en voorzien van een zitbank of een brugwachtershuis. Ze vloeien over in de kade en zijn één met de omgeving. Het verkeerspolitiehuisje dat Kramer in 1949 ontwierp voor de brug bij het Muntplein stond weliswaar op andermans brug, maar ging zó op in zijn omgeving dat je het ternauwernood opmerkte. Het huisje is als een baseball pet - en dan ook nog extra large - dat via een klein ijl wenteltrapje bereikt kan worden. Een jaar lang viel het huisje op, toen een lichtkunstenaar het binnenste in een geel licht had gestoken dat door de louvre-ramen naar buiten viel. Vermoedelijk heeft niemand het verkeershuisje gemist toen het verdween, totdat we zijn nieuwe plek vonden in het Amsterdamse Bos. Daar valt alleen zo weinig verkeer te regelen. En dan valt het op, dat huisje van Kramer.

The name Pieter Kramer is inextricably connected to Amsterdam's 20th-century bridges. His bridges don't just connect two banks. They are richly decorated and include a bench or a bridgemaster's office, as for example does the bridge crossing the Singelgracht near the Leidseplein. The bridges dissolve into the quay and are at one with their surroundings. The traffic police post Kramer designed in 1949 for the bridge on the Muntplein, although built on a bridge by another architect, meshed so well with its surroundings that one hardly noticed it. A baseball cap - oversized to boot - that's the house, which can be reached via a tiny spiral staircase. For one year the house was noticeable, when an artist lit up the inside so that yellow light shone through the louvred windows. No one probably missed the little house when it had disappeared, until it showed up in the Amsterdamse Bos. But there is not much traffic to control here. And now Kramer's little house really stands out.

1948

Speelplaatsen
A.E. van Eyck

'Laat het speelplaatsen sneeuwen over Amsterdam', verkondigde Van Eyck in de mistroostige naoorlogse jaren. Het moment was goed en het idee ook. Hoeveel buurten zaten er niet op slot, zonder licht en vooral lucht, hoeveel kinderen waren niet aangewezen op een meter stoep. En in de buurten waar dit het hardst nodig was - de Nieuwmarkt, de Jordaan en Wittenburg - ging het sneeuwen, en de vlokken bereikten in kleuren en speelse vormen de grond, op een manier die Amsterdam niet kende. De eeuw van het kind was begonnen en daarmee had de stad een menselijk gezicht gekregen. Van Eyck lanceerde zijn idee in 1947, zou daar dertig jaar aan vasthouden en was zo betrokken bij maar liefst 730 speelterreinen volgens de filosofie dat stedenbouw niet alleen wanden maakt maar ook ruimte schept. Niet volzetten maar vrij laten: het heeft lucht in Amsterdam gebracht.

'Let it snow playgrounds in Amsterdam', Van Eyck proclaimed in the gloomy years following the war. The timing was right, as was the idea. For how many neighbourhoods weren't closed off, cut off from light and even air, and how many children had but one metre of pavement to play on? In neighbourhoods where the need was greatest, the Nieuwmarkt, the Jordaan and Wittenburg, it did indeed start snowing and the flakes transformed the ground itself into a layer of colour and playful forms, in a way Amsterdam had never experienced before. The age of the child had begun, giving the city a human face. Van Eyck launched his idea in 1947 and was true to it for thirty years. In this way he was involved in no less than 730 playgrounds, applying his philosophy that city planning creates not only walls but also spaces. Not filling in every gap, but leaving some empty: it has helped Amsterdam to breathe.

1949

Lettergieterij Tetterode
Da Costakade 158
B. Merkelbach & P.J. Elling

Hoe knap het ontwerp van de lettergieterij Tetterode is werd pas duidelijk toen in het midden van de jaren negentig een nieuwe buurman, een enigszins pompeus gebouw met een lege kroonlijst, zich naast de drukkerij vestigde. Tetterode, tegenwoordig een wooncomplex, steekt op de Da Costakade letterlijk en figuurlijk boven alles uit, met een feestelijk rond torentje (plus terras) als toefje op de taart. Het is allemaal licht en lucht, staal en glas, verticaal en horizontaal dat Merkelbach en Elling hebben betracht. Waarschijnlijk wordt het complex vooral zo lichtvoetig door de terugwijkende boven-verdieping waar vroeger de kantine was. Die krakers wisten wat ze moesten kraken in de jaren tachtig.

Not until a new neighbour, a rather pompous building with a non-functional cornice, was placed next to Type-Foundry Tetterode in the mid-1990s, could one see how well it had been designed. The building, now converted into flats, has a triumphant round turret and terrace as the icing on the cake, and literally and metaphorically towers above everything else on the Da Costakade. The whole building is light and airy, steel and glass, verticals and horizontals – the exact objectives Merkelbach and Elling wanted to achieve. It is probably the set-back upper floor, where the canteen used to be, that makes the complex seem so very light. Those squatters really knew where to squat back in the 1980s.

1950

Frankendael
H. de Vrieslaan/Lorentzlaan
B. Merkelbach, Ch.J.F. Karsten, P.J. Elling, M. Ruys

Een lapje voor de brievenbus, doe maar gewoon dan doe je al gek genoeg, en nog even in de teil voordat je naar het hoorspel mag luisteren, die sfeer ademt Frankendael. Niks hemelbestormende architectuur, gewoon een plat dak, een pastel-tint, het dunste plakje beton als dekje boven de voordeur en een grijze betonnen gevelbekleding. Luxe? Nee, duplex. Minder is meer, uit de noodzaak in de wederop-bouwtijd geboren, bereikt hier in Frankendael zijn hoogtepunt. Meer is het niet; wonen is een recht, zouden we dertig jaar later op een leus in de vloertegels van metrostation Nieuwmarkt lezen. Voor 1951 gold: wonen is een behoefte. Mien Ruys, die de plantsoenen heeft vormgegeven, heeft ter compensatie het maximale bereikt. Groots is de flora naast dit nederige bouwen.

A typically Dutch, bourgeois mentality: that is the atmosphere of Frankendael. No revolutionary architecture, but ordinary flat roofs, pastel colours, the thinnest slabs of concrete sheltering the front doors, and grey concrete facades. Luxury? No, duplex. The needs of post-war reconstruction gave birth to the motto 'Less is more', and this theme reached its climax in the housing estate Frankendael. That's all there is to it; 'housing is a right', we read on the floor tiles of the underground station Nieuwmarkt thirty years later. Back in 1951 one said: a house is a basic necessity. Mien Ruys, who designed the public gardens, compensated this by achieving the maximum possible. The flora between these modest buildings is truly magnificent.

1951

Roeivereniging De Hoop
Weesperzijde 65ᴬ
A. Komter

Het metselverband is de decoratieve huid van De Hoop, een soort één recht één ave-recht in baksteen. Het roeiershome steekt als een scheepswerf de Amstel in, op de plaats waar zich tot de Tweede Wereldoorlog een clubgebouw in Amsterdamse Schoolstijl bevond. Dat stond in het schootsveld en moest wijken, vond de Duitse bezetter. Wat nog aan het oude gebouw herinnert is de voordeur, twee gebeeldhouw-de ankers met houten lijstjes in de vorm van golven. Komter gaf De Hoop in 1952 een nieuw clubhuis met een reeks geknikte daken boven een betonnen skelet. Daarboven steekt dan nog een verhoogd geknikt dak uit waaronder de sociëteitszaal ligt. Nergens is het uitzicht op de Amstel zo mooi als vanaf het terras boven de roeiboten-berging. Maar het mooiste is voor de gewone burger en zelfs voor het doorsnee Hoop-lid ontoegankelijk: het kraaiennest dat uit de zijgevel steekt. Geknikt, dat spreekt.

A brick pattern, a kind of knit one, purl one, forms the decorative exterior of the build-ing of rowing club De Hoop. The rowers' home extends into the river Amstel as if it were a shipyard, on the very spot where a club house in the Amsterdam School style was located before the Second World War. The German invaders decided that this building was obstructing their line of fire, and it had to be demolished. All that remains of the old building are the front door, two sculptured anchors with wooden frames shaped like waves. In 1952 Komter designed a new clubhouse for De Hoop, with a series of double pitched roofs on a concrete structure. Above it is another double pitched roof, which shelters the club hall. From the terrace on top of the boathouse one has a magnificent view of the river Amstel, but the best part of the building is not accessible to non-mem-bers and not even to most members of De Hoop: the 'crow's nest' that protrudes from the side wall. Double pitched of course.

1952

St. Jozefkerk
E. de Roodestraat 14-16
G.H.M. Holt

In de eeuw van de ontkerkelijking lijkt het bouwen van kerken een anachronisme, en dat heeft de Jozefkerk van Holt in Amsterdam-West geweten. Rondom het altaar wordt nu geklommen. Op de toren staat met grote letters KLIM. In beide gevallen wordt de hemel in ieder geval in ere gehouden. De nieuwe gebruikers zijn spitsvondig geweest; de club heet *Tussen Hemel en Aarde*. Het langwerpige schip is opgebouwd uit kubussen en vierkanten, evenals de open entree, de vakken in het plafond en de torenspits. Het woord spits doet evenwel geen recht aan de werkelijkheid, aangezien de toren stomp is. Ook al is de Geest uit het gebouw, het gebouw zelf heeft niet de geest gegeven. Het blijft een compositie van open en gesloten kubussen, waar je nóg zo vaak je klimhaken in kunt zetten, het beton en de plint van basaltblokken kunnen wedijveren met de Mont Blanc.

Building churches in an age of secularisation seems to be an anachronism and this is something the St. Jozefkerk in the Amsterdam-West learned the hard way. People climb around the altar, and on the tower one sees the word KLIM (climb): the church has become a climbing hall. In any case, today as well as in the past, Heaven is the final destination. The new owners have been inventive, calling the place 'Between Heaven and Earth'. The rectangular nave consists of cubes and squares, and the same holds true for the open entrance, the coffered ceiling and the steeple - although the word steep does not really apply here; the tower is truncated. Though the Holy Ghost may have left the building, the building has not given up the ghost; it has become a composition of open and closed cubes. You can drive your pitons in the concrete and basalt blocks as often as you like, they'll prove to be just as durable as Mont Blanc itself.

1953

Burgemeester de Vlugtlaan
A. Evers & G.J. Sarlemijn

'Een zielloos opbergsysteem', schreef de Volkskrant over de westelijke tuinsteden en de De Vlugtlaan in het bijzonder. Waarom was voor deze winkelstraat niet gekozen voor de formule van de Lijnbaan? Het wonen en winkelen is in strijd met de doorgaande verkeersader van de De Vlugtlaan. De flats en winkels zijn gebouwd in de stijl van de Bossche School, hetgeen betekent: geperforeerde balkonnetjes schuin op de gevel, schoorstenen als poging tot versiering en zelfs een portico met zuilen als winkelgalerij. De architecten waren volgelingen van de traditionele Granpré Molière, die in veel van zijn ontwerpen teruggreep naar vroeger. Zo ook Evers & Sarlemijn. De Bossche School was in zijn begintijd niet wars van frutsels en franje en dus ook niet van een geleend zuiltje. Alsof het modernisme in West even een klapje moest krijgen. Niet vooruit, wel te verstaan.

'A soulless storage system', is what De Volkskrant newspaper called the western garden cities, the De Vlugtlaan in particular. Why didn't the architects use the concept of the Lijnbaan in Rotterdam when designing this shopping street? The De Vlugtlaan, a busy main road, posed an obstacle to creating a combined living and shopping area. The blocks of flats and shops were built in the style of the Bossche School, which means perforated balconies attached obliquely to the facade, chimneys in an effort to be decorative and a pillared portico serving as a shopping arcade. The architects were followers of the traditional architect Granpré Molière, who revived old styles in many of his designs. Evers & Sarlemijn did the same. In its early days the Bossche School was not averse to frills and curls, so why not add a small, borrowed column? As if modernism in Amsterdam-West needed to take a step. In any case, it wasn't forward.

1954

Houtbond

Keizersgracht 300

C. de Geus & J.B. Ingwersen

Het gebit van de Keizersgracht kan veel hebben. Dat bewijst de vulling die De Geus & Ingwersen hebben aangebracht in een holle kies tussen twee 18de-eeuwse monumentjes. Het ornament is in dit geval een luifel, met ronde gaten erin die licht op de stoep laten vallen of regen langs de pui laten stromen. De binnenrand van die rondingen is blauw geschilderd, dat betekent een koele bui tegen de gevel. Een raster van uitstekende raamprofielen is als een scherm voor de pui gehangen, de plint breekt met de gewichtigdoenerij op de gracht door de presentatie van een doodgewoon trapje. Hier recht tegenover staat een kantoor uit hetzelfde jaar; één brok nostalgie dat in de verkeerde eeuw is gebouwd.

It is quite difficult to destroy the appearance of the Keizersgracht. See for example how De Geus & Ingwersen filled in the gap between two 18th-century monuments. In this case the decorative element is a canopy with round holes, which allows the sunlight to shine onto the doorstep, or rain to splatter on the front of the house. The inner rims of the holes have been painted blue, creating a cool reflection on the facade. Like a screen, protruding window frames are suspended in front of the facade. The entrance on the ground floor has an ordinary stairway, strongly contrasting with the otherwise pompous character of the canal houses. Opposite the Houtbond is an office building dating from the same year - sheer nostalgia created in the wrong century.

1955

Ambachtsschool
Wibautstraat 220
J.B. Ingwersen

Het jaar van de Opstandingskerk, beter bekend als de Kolenkit (M.F. Duintjer). Maar ook het jaar van de Ambachtsschool, tegenwoordig ROC-Amsterdam. Je houdt ervan of niet. Hij staat langs de Wibautstraat als een schip dat te water moet worden gelaten. Hoog op de poten, met een opvallende cylinder op het dak. Le Corbusier in Nederland. Dat Ingwersen met een schuin oog naar Le Corbu heeft gekeken blijkt uit de pilotis, uit het raster waarachter de ramen zijn geplaatst en uit het brute beton dat is gebruikt. In de jaren vijftig waarschuwde J.J.P. Oud voor het gebruik van constructie als versiering, waarbij hij doelde op luifels, pilotis, 'kleine huppelende raampjes' en een confetti van kleurtjes. Sinds 1999 zijn die kleurtjes alsnog neergedaald op deze einzelgänger aan de Wibautstraat.

In 1956 not only was Duintjer's Opstandingskerk, better known as the 'Coal Scuttle' built, but also the Ambachtsschool. You either like it or you don't. It is located in the Wibautstraat, like a ship waiting to be launched. It stands on tall pillars, with an eye-catching cylinder on its roof. Le Corbusier in The Netherlands. That Ingwersen was influenced by Le Corbu is evident when one looks at the pilotis, the screen placed before the windows and the plain concrete used. In the 1950s J.J.P. Oud had already warned against using the construction as decoration, thus referring to shelters, pilotis, 'small frolicking windows' and a confetti of colours. In 1999 colours finally came to this loner on the Wibautstraat.

1956

Prinses Irenestraat

A.F. Warners

Terwijl De Stijl al dood en begraven was, bleven de primaire kleuren levend. Het rood, geel en blauw op de gevelpanelen zijn het sieraad voor deze lage flats - vier etages - aan de Prinses Irenestraat. Het hele balkonblok is naar de zon vooruitgeschoven en kraagt uit boven de bergingen op de begane grond. In het Bouwkundig Weekblad was het commentaar in 1957 zuinigjes: 'De architect vertelt ons iets van opeenstapeling en aaneenrijging van ruimten zonder veel differentiatie. Deze opvatting is gerechtvaardigd als zij zinvol wordt doorgevoerd, maar met de kleur is deze monotonie verbroken door een afwisselend spel van licht en donker'. De combinatie streng en kleurrijk is volgens de anonieme auteur ondenkbaar. Twee verschillende boodschappen. Dat conflict wordt gelukkig door de tijd beslecht.

Although De Stijl was already dead and buried, primary colours lived on. The red, yellow and blue on the facades are the ornamentation of these low, four-storey apartments in the Prinses Irenestraat. All the balconies have been extended towards the sun, sheltering the storage area on ground level. The 1957 edition of the Bouwkundig Weekblad (architectural weekly) complained: 'The architect wants to tell us something about layering and connecting space without much differentiation. This concept is justified if it is applied in a logical way, but the colours disrupt the monotony and create a play between light and dark'. According to the anonymous author, the combination of austerity and colour is totally unacceptable. Two conflicting ideas. Fortunately time has settled this conflict.

1957

H. Koningsbergerstraat
J.C. Rietveld

Logisch toch, dat er sinds jaar en dag met grote letters Amstel Bier op het dak staat van de vrijgezellenflat van Jan Rietveld? Zoiets biedt troost. Van de duizenden flats die er in de jaren vijftig en zestig in Nederlandse voorsteden zijn neergeplant springt de flat van Rietveld jr. eruit vanwege de ritmische vierkante vlakken en omdat de koppen ook benut zijn. Op één van de koppen wil nog wel eens een vrijgezel plaatsnemen op zijn ronde balkonnetje dat op het zuiden is gericht. Foutje. Decennia later zou een stedenbouwkundige de flat een kwartslag hebben gedraaid. Maar die vrijgezel, opgenomen in dat strenge patroon van raampartij, balkon en muurstrook, zat er toevallig wel met een pilsje.

The reason why a big advertisement for Amstel Bier has for years been on the roof of Rietveld's bachelors apartment building is obvious - it comforts the soul. Among the thousands of apartment buildings that have been constructed in Dutch suburbs since the 1950s and '60s, Rietveld junior's building stands out due to its rhythmic squares and use of the heads of the building. Sometimes a bachelor sits on his round balcony, which faces south. A small error. Decades later an urban developer would have rotated the building 90 degrees. But, lo and behold, see how the bachelor, merging with the strict pattern of window, balcony, and wall, is actually having a beer.

1958

Geïllustreerde Pers
Stadhouderskade 85
B. Merkelbach & M.A. Stam

Het kantoor van de Geïllustreerde Pers was zijn tijd vooruit. Zo'n vliesgevel, een van de vroegste in Amsterdam, zou pas tien jaar later opgang maken, en zelfs zo dat je er een hekel aan ging krijgen. De traditionalist G. Friedhoff had er al in de jaren vijftig moeite mee: 'Een glad afgewerkt gebouw verliest zijn werking in het stadsbeeld. Het reflecteert het zonlicht niet, maar het weerspiegelt wel zijn omgeving'. Die omgeving, de Singelgracht met bomen, is niet de slechtst denkbare voor dit luchtige gebouw, dat nu samen met het kantoor van de Indonesia Bank zijn plek in de geschiedenis heeft gekregen. Helemaal gepolijst is de Geïllustreerde Pers trouwens niet; daar zorgen de balkonnetjes wel voor die als voorposten vrij uit de gevel steken.

The Geïllustreerde Pers building was ahead of its time. Its curtain wall was one of the first in Amsterdam. They only became popular ten years later, and were used to such an extent that one began to dislike them. Already in the 1950s the traditionalist G. Friedhoff expressed his misgivings: 'A highly polished building loses its effect in a cityscape. It does not reflect sunlight but mirrors its surroundings'. The surroundings, the tree-lined Singelgracht, is not the worst place imaginable for this airy building which, along with the Indonesia Bank, carved out its place in history. In any case, the Geïllustreerde Pers building is not a complete mirror thanks to the little balconies that protrude freely, like outposts.

1959

Burgerweeshuis
IJsbaanpad 3
A.E. van Eyck

Een Afrikaans Dogondorp, een kashba, een miniatuurtempel of gewoon een koepel-landschap: het Burgerweeshuis van Van Eyck, tegenwoordig een kantoorcomplex, laat allerlei verwijzingen toe en dat is dan ook onmiddellijk na de opening in 1960 gebeurd. Verleidelijke, associatieve architectuur. Maar het was natuurlijk gewoon een onderkomen voor miniatuurmensen en als zodanig op hen afgestemd; ramen op oog-hoogte van de kinderen, lage banken, intieme nissen, een maat en schaal die niet wil-len imponeren. De paviljoens zijn zo aaneengeschakeld dat er een stelsel van patio's en galerijen is ontstaan. Het is een vriendelijk doolhof, waar de grote koepels de bewoners wijzen naar de gemeenschappelijke ruimten. Nooit was er in Nederland zo'n gebouwenlandschap gemaakt en daarna is het, op deze schaal en met deze intentie, ook niet meer herhaald.

An African Dogon village, a kasbah, a miniature temple or simply a landscape of cupo-la's: the city orphanage, designed by Van Eyck, lends itself to free association and this is what happened after its opening in 1960. Seductive, associative architecture. But its purpose was to house miniature people and this is reflected in the design; windows at children's eye level, low benches, intimate niches; size and scale are not intended to over-whelm here. The pavilions are connected to one another in such a way that patio's and galleries are created. It is a friendly maze where large cupola's lead inhabitants to the communal areas. Never before had a landscape of buildings of this kind been erected in the Netherlands, and never since has this feat been repeated - either in terms of scale or intention.

1960

Paviljoen Oostoever
Oostoever 1
D. Slebos

Waar de oever overgaat in de kade en de kade een sprongetje in de lucht maakt ligt paviljoen Oostoever, in de noordoosthoek van de Sloterplas. Een luchtfoto laat pas goed zien hoe grafisch het paviljoen is gesitueerd, als een witte plak met links en rechts witte strepen en een stippelpatroon op het plein ervoor. Het paviljoen, van de gemeentelijke architect Slebos, is een compositie van doorgaande witte lijnen in de vorm van stevige betonnen randen, met als contrast basaltblokken in de plint. De witte randen gaan over in vlakken, luifels en een kleine pergola. De naoorlogse architectuur staat in het teken van de ruimte, van het optimisme, van het onbegrensde vlak, en die idealen worden op deze plek - met het meest weidse uitzicht van Amsterdam - gekoesterd.

At the point where the bank joins the quay and the quay makes a slight spring into the air, this is where the Oostoever pavilion is situated, on the north-east corner of the Sloterplas. Only from an aerial photograph can one see how graphically the pavilion is positioned, like a white rectangle with white stripes to the right and left and a pattern of dots on the square in front of it. The pavilion, by the municipal architect Slebos, is a composition of continuous white lines in the form of concrete edges offset by a horizontal basalt strip. The white strips are transformed into planes, porches and at one point a small pergola. Post-war architecture is characterised by space, optimism, boundless surfaces, and on this very spot, with the most extensive view of Amsterdam, these ideals are cherished.

1961

RAI
Europaplein 8
A. Bodon

Voordat de RAI er was, was het Rijksmuseum het grootste gebouw. Twee voetbalvelden, zo groot werd de omvang van het museum geschat. Na diverse uitbreidingen is de RAI onbetwist koploper qua interne ruimte, het is een stad in een stad die telkens ook weer een stukje van de stad opslokt. En de kunst is dat, sinds Bodon de eerste hallen ontwierp, het nergens kolossaal lijkt. Je ziet wat je niet ziet in de RAI en dat betreft dan met name de overspanning waarvoor ruimtevakwerken zijn toegepast. Daardoor zijn kolommen in de hallen overbodig. Dit is dienstbare architectuur bij uitstek, dienstbaar aan autodealers, huisvrouwen, aan hifi-freaks en housepartygangers. Goede architectuur is op dat soort bijeenkomsten vaak afwezig.

Before the RAI, the Rijksmuseum was the largest building in Amsterdam. The size of the museum was estimated to be about two football pitches. After several extensions the RAI has become the undisputed front runner in terms of internal space. It is a city within a city, which never ceases to swallow sections of the city. The secret is that from the moment Alexander Bodon designed the first halls, the RAI has never taken on a colossal appearance. You see what you don't see at the RAI. This applies in particular to the roof for which a series of spatial frameworks have been used, which obviate the need to use supporting columns in the halls. This consumer-oriented architecture provides services to car dealers, housewives, hi-fi freaks and ravers. At such gatherings good architecture is often of secondary concern.

1962

Lyceum Buitenveldert
De Cuserstraat 3
M.F. Duintjer

De geest van Dudok waart door de Christelijke Scholengemeenschap van Buitenveldert, al is het maar in het torentje waaromheen de vleugels scharnieren. Een torentje als een verkeerstoren, een associatie die in Buitenveldert met het landend vliegverkeer makkelijk wordt opgeroepen. Er zit een tekenlokaal met sterrenwacht in. Aan de pleinkant is de school een samenwerkingsverband van rode baksteenvlakken, grote glazen erkers en opvallende betonnen richels die uit het gebouw steken. Het gymnastieklokaal lijkt zo even van de grond te worden getild. Aan de zuidkant waaiert de school open, het is of de kantine/aula het wateroppervlak van de singels raakt. Gelukkig is er de toren om controle over deze beweging te houden.

Dudok's spirit still lingers in the Christian comprehensive school of Buitenveldert, albeit in the small tower around which the wings seem to hinge. This tower, which houses an art room and an observatory, is like a control tower, an association easy to make in Buitenveldert given the many low flying planes overhead. On the side where the square is, the building reflects a collaboration between red planes of bricks, large bay windows and conspicuous concrete edges that protrude from the building. The effect seems to lift the gym off the ground. On the south side the building opens like a fan, as if the canteen cum auditorium touches the surface of the water beyond. Luckily there is a control tower to keep an eye on this movement.

1963

Van Nijenrodeweg
W.M. Dudok

Het lijkt een colonne soldaten in het gelid, de flats van Dudok aan de Van Nijenrodeweg. De strenge verticale trappenhuizen en liftschachten lijken een bevel in te houden: 'rechts richten!' Dudok had dan ook een militaire achtergrond. Het verticale donkerbruin van de schacht strijdt met het horizontale geel van de woning. Aan de zonzijde is dat bevel wat minder streng maar desondanks kort en bondig: witte raamkozijnen, onderbroken door loggia's en balkonnetjes. Voor iedereen een uitstulping en een inspringing. Geen idealere plattegrond dan deze ritmische flats, jubelen de (interieur)architecten, en dat is ongetwijfeld waar. In een stad die weinig anders kent dan langwerpige donkere pijpenlaatjes, is een breed en licht appartement een unicum.

The flats along the Van Nijenrodeweg look like ranks of soldiers. The rigid vertical staircases and lift shafts seem to be commanding: 'aim right!' Not surprisingly, Dudok had a military background. The vertical dark brown of the shaft battles it out with the horizontal yellow of the dwellings. Although Dudok's order for the sunny side of the flats is less rigid, it is nonetheless short and to the point: white window frames, interrupted by loggias and balconies. Each house is both projected and recessed. One can think of no better floor plan than the floor plan of these rhythmic flats, interior designers gleefully shouted, and they were absolutely right. In a city with predominantly long narrow rooms, a wide, light apartment is truly unique.

1964

Het Hoogt, Het Breed en Het Laagt
Buikslotermeer
F.J. van Gool

Een voetgangersslurf voor luchthavens die de flats met elkaar verbindt, dat is pas innovatie. Dit geldt ook voor de plattegronden die Van Gool bedacht voor Het Hoogt, Het Breed en Het Laagt, die afwijken van de traditionele eengezinswoning. Vanaf de woonstraat zijn de bovenste woningen te bereiken, elk met een trap die wonen en werken van elkaar scheidt. De flats, met hun ronde gele of grijze balkons waren - zeker in de begintijd - het Mekka voor de Bohémiens uit de binnenstad, die in Amsterdam-Noord een futuristisch paradijsje vonden. Het Hoogt - met nuchtere Hollandse namen als Benedenlangs en Bovenover - bestaat uit vijf woonlagen, met een brede gaanderij waar de kinderen onbekommerd leren fietsen. Ze baden in het groen, de vierkante blokken; de architectonische opzet heeft in dit geval ook natuur geschapen.

A gangway originally designed for airports that functions as a link between the blocks of flats, that's really innovative. The same holds for the floor plans Van Gool designed for Het Hoogt, Het Breed and Het Laagt, which deviate from the traditional single-family dwellings. The flats on the top floor can be reached from 'gallery streets' and living and working areas are separated by way of an internal stairway. These flats, with their round yellow or grey balconies were - especially in the beginning - a Mecca for Bohemians from the city centre who saw in them a futurist paradise in the Amsterdam-Noord. Het Hoogt - with Dutch down-to-earth names like Benedenlangs and Bovenover - consists of five floors, each with a wide gallery where children can freely learn to ride a bicycle. These square blocks are bathed in green. In this way the architectural lay-out has also contributed to the creation of a natural environment.

1965

Weesperstraat 7-57

H. Hertzberger

Een hele generatie studenten zat er op kamers of at er in de mensa. Die mensa was een labyrint van zalen en zaaltjes, van nissen en trappen en van niveauverschillen. Hertzbergers carrière moest nog een vlucht nemen, maar met dit gebouw drukte hij het gaspedaal in. Nieuw was de onmerkbare overgang van openbaar naar privéterrein, zelfs de straat leek door te lopen in het aan de mensa verbonden café. Dat kon nog in de jaren zestig van de 20ste eeuw. Toen dertig jaar later de werkelijkheid wat weerbarstiger werd, werd er een streep gehaald door Hertzbergers utopie. Privé was privé, de straat weer straat. Wat blijft is de langgerekte vorm met zijn uitstulpende volumes die vaart geven aan de toch al dynamische Weesperstraat.

A whole generation of students rented rooms here, or dined in the cafeteria. This cafeteria was a labyrinth of large and small rooms, niches and stairs and different levels. Hertzberger was still at the beginning of his career, but with this building he really put his foot on the accelerator. The imperceptible transition from public to private space was a novelty, even the street seemed to extend into the café, which was connected to the cafeteria. This was still possible in the 1960s. When thirty years later reality became somewhat uncompromising, Hertzberger's utopia was knocked on the head. Private became private, and street became street again. What remains is the elongated form with its projecting volumes that give a certain buzz to the already dynamic Weesperstraat.

1966

Gerrit Rietveld Academie
F. Roeskestraat 96
G.Th. Rietveld

Gerrit Rietveld heeft niet veel gebouwd in Amsterdam; bij zijn leven bouwde hij de koepel op het warenhuis Metz & Co. en na zijn dood voltooiden Van Dillen en Van Tricht de kunstacademie en het Van Gogh Museum. Logisch dat de kunstacademie zijn naam ging dragen, want het is helemaal Rietveld. Een dakoverstek of daklijst ontbreekt, royale glazen puien lopen van boven tot onder en de draagconstructie staat los van de gevel, de architect kan postuum tevreden zijn. Als bronzen wieldoppen doorbreken de ronde ventilatoren het aalgladde gevelvlak. Een school als een levend organisme, als een machine om in te werken. Zo hebben functionalisten hun gebouwen ook altijd bedoeld.

Gerrit Rietveld was not very active in Amsterdam. He designed a cupola for the Metz & Co. department store. After his death, Van Dillen and Van Tricht completed the Gerrit Rietveld Academie and the Van Gogh Museum. It is not surprising that the art academy carries his name because it characterises Rietveld through and through; no protruding roof or cornice, huge windows that stretch from top to bottom and the facade that stands free from the load-bearing structure. The architect would have been pleased. Like bronze hubcaps, round fans break up the glistening facade. The school as a living organism, as a machine to work in. This is how functionalists envisioned their work.

1967

Stationspostkantoor
Oosterdokskade 3-5
P.J. Elling

Het is de zandkleurige kalksteen, het is de hoogste verdieping die niet alleen inspringt maar ook nog in het gebouw lijkt te zakken, die het stationspostkantoor zijn tijdloze aanzien geven. Het had er dertig jaar eerder kunnen staan, of dertig jaar later. Maar het staat er, dwars op het spoor, en dat is op zichzelf al een interessante positionering. Het hoge pakketpost- en administratiegebouw is van 1968, de lagere (post)gebouwen stonden er al vier jaar. Toch drukt de omvangrijke PTT-collectie nergens op de stad. Het is er en het is er niet. Dit is een vorm van architectuur waar het etiket architectuur niet nadrukkelijk op ligt, en juist die gebouwen winnen aan kracht naarmate je er langer naar kijkt. De maat, de kleur en de plaatsing van de ramen, alles lijkt in balans. Je rijdt het Centraal Station binnen, en je bent het misschien weer vergeten, dat stationspostkantoor, maar bij de honderdste keer kun je het dromen. Het tegendeel geldt voor de Nederlandsche Bank die dat jaar op het Frederiksplein werd gebouwd.

It is the sandy-coloured limestone, and it is the top floor which recedes but also seems to sink into the building, that gives the post office its timeless appearance. It could have been built thirty years earlier, or thirty years later, but it's here, perpendicular to the tracks, which in itself is an interesting position. The high-rise dates from 1968, the low-rise section was built four years earlier. Massive as it is, this extensive collection of buildings does not burden the city. It's there but at the same time it's not. This type of architecture is not often labelled as architecture, and becomes more attractive the more you look at it. The size, the colouring and the way the windows are positioned, everything seems to be balanced. By the time your train enters Central Station you will probably long have forgotten the district post office. But after the hundredth time you can dream it. The opposite is true of the Nederlandsche Bank, which was built that same year on the Frederiksplein.

1968

Bijlmermeer
Dienst Stadsontwikkeling/S. Nassuth

Het eerste uitgangspunt was autovrij wonen, het tweede hoogbouw. Over het eerste zou Joop den Uyl, die toen wethouder Publieke Werken was, in 1965 zeggen: 'De kinderen hebben door de hele Bijlmer een onbedreigd speelveld. Zo is het één groot woonerf geworden. Dat heeft iets innemends'. Over de hoogbouw zou de latere burgemeester Ed van Thijn zeggen, dat hij bij het zien van die enorme flats altijd een thuisgevoel kreeg. De grootste flats van het Amsterdam van de 20ste eeuw zijn tegelijk mikpunt van de meeste kritiek. Vanuit de lucht gezien kun je honingraatflats in de D-, K-, E- of H-buurt grafisch nog billijken, maar als je ervoor staat bekruipt je een dwerggevoel. De Franse stedenbouwkundige Bernard Huet noemt het de meest radicale tuinstad die er ooit in Europa is ontstaan. 'Het is de monstrueuze triomf van het concept van massabebouwing en verkeer'. Bijlmerbewoner en schrijver August Willemsen daarentegen: 'Als iets wat nu nieuw is en lelijk wordt gevonden over tweehonderd jaar oud en mooi is, kun je het net zo goed meteen mooi vinden'.

The first objective was to build a residential area without cars, the second objective was to create high-rise. In 1965, the alderman for Public Works Joop den Uyl addressed the first objective: 'The entire Bijlmer provides children with a safe playground. In this way it has become one big residential area. There's something charming about this'. With regard to the second objective, the future mayor of Amsterdam, Ed van Thijn, said that seeing the huge blocks of flats always made him feel at home. The most extensive of Amsterdam's 20th-century architectural projects was at the same time the most criticised. Seen from the air, the graphic honeycomb pattern of the blocks in the D-, K-, E- or H-neighbourhoods is amiable enough, but standing in front of them makes you feel dwarfish. The French urban planner Bernard Huet called it the most radical garden city ever built in Europe: 'It is the monstrous triumph of the concept of mass building and traffic'. On the other hand, August Willemsen, a writer living in the Bijlmer states that: 'If something new is considered ugly now, but beautiful in two hundred years from now, why not like it immediately'.

1969

Singel 428

A. Cahen & J.P.H.C. Girod

Kun je met standaardelementen ook een grachtenhuis bouwen? Ja, bewezen Cahen & Girod in 1970. Voor de betonnen prefabdelen zijn ramen met donkerblauwe sponningen gespannen, het enige kleurrijke aan dit grijze pand. De entree wijkt af van het 17de-eeuwse grachtenpand. Niet de stoep op, maar de stoep af, en dat is in de loop der tijd een betrekkelijk donker hol geworden. Hoe hoger hoe lichter, met als bevrijding een langwerpig raam op de bovenste etage. Daarnaast een open hoek voor het dakterras om het licht uit het zuidwesten te vangen.

Is it possible to build a canal house using standard materials? In 1970 Cahen & Girod proved it could. Windows with dark-blue coloured frames, the only colourful feature to this grey building, have been placed on the precast concrete elements. The entrance differs from that of the traditional 17th-century canal house; steps go down instead of up. In the course of time the entrance has become rather dark. The higher one ascends the lighter it gets, and the elongated window on the top floor inspires a sense of relief. The adjacent recess offers space for a roof terrace, in order to catch the light from the south-west.

1970

Europarking
Marnixstraat 250
P. Zanstra

In de tijd dat de auto's nog niet onder de grond werden gestopt, in de tijd dat Amsterdam sowieso moeite had met auto's in en rond de binnenstad, verrees Europarking aan de Marnixstraat. Dat is een wonder. Want hoewel er gefulmineerd werd tegen de komst van die twee tegen elkaar leunende trommels - of rollen pepermunt - kan de stad er nu niet dankbaar genoeg voor zijn: zo'n parkeergelegenheid in een aantrekkelijke vorm van twee spiralen op loopafstand van de binnenstad. Het is meer grafische vormgeving dan architectuur, dit silhouet aan de gracht, hetgeen nog wordt versterkt door de dunne pootjes waarop de betonnen hellingbanen rusten. Met recht een *stairway to heaven.*

In the time when cars were not yet parked underground, and were already causing problems in and around the city centre, Europarking sprang up on the Marnixstraat. This is remarkable because, although initially people protested against these two drums - or rolls of peppermint - leaning one against the other, now Amsterdam cannot be grateful enough for these buildings: an attractive car park consisting of two spiral towers within walking distance from the city centre. Seen from the canal, the silhouette of the car park is more graphic than architectural. This is reinforced by the thin legs used, to support the concrete ramps. You could be forgiven for thinking it is a 'stairway to heaven'.

1971

Van Gogh Museum
Paulus Potterstraat 13
G.Th. Rietveld, J.F.H. van Dillen, J. van Tricht

Rietvelds enige museum kwam acht jaar na zijn dood gereed. Wat begon als een bescheiden onderkomen voor een relatief kleine verzameling, liep uit op een mammoet-attractie. Het Van Gogh Museum moest dan ook bij het sluiten van de 20ste eeuw worden uitgebreid met een absoluut vormcontrast. Het ronde paviljoen van Kurokawa is het antwoord op de geometrische stapeling van Rietveld en de executeurs-testamentair van Rietvelds nalatenschap, Van Dillen & Van Tricht. Het museum is, zoals het hoort, van binnenuit gedacht, met een vide en een open trap als ruggengraat. Het was nog nauwelijks geopend of die open hal groeide uit als plaats voor happenings en radioprogramma's. Rietveld laat zien dat neutrale architectuur haar eigen dynamiek genereert en dat is vermoedelijk de grootste kwaliteit van dit gebouw.

The only museum ever designed by Rietveld was completed eight years after his death. What started out as a modest accommodation for a relatively small art collection ended up becoming a major tourist attraction. Therefore by the end of the 20th century the museum had to be extended with something utterly contrasting in form. Kurokawa's round pavilion is an answer to the geometrical blocks by Rietveld and the executors of Rietveld's 'will', Van Dillen & Van Tricht. The museum has been designed from the inside out, as it should be, with a mezzanine, and an open stairway that serves as a backbone. Shortly after the opening the central hall became a popular location for cultural events and radio programmes. The fact that Rietveld's building demonstrates how neutral architecture can generate its own dynamics is probably its greatest quality.

1972

Rivierstaete
Amsteldijk 166
H.A. Maaskant

Alsof hij in de rivier dreigt te vallen, als een op drift geraakte stapeling van ijsschotsen, zo ziet het kantoorcomplex Rivierstaete van Maaskant eruit. Het enige dat je tegen dit overweldigende gebouw kunt hebben is dat het plompverloren tussen jaren twintig-woonblokken is geplant, en daarmee in dit deel van Amsterdam wat wereldvreemd overkomt. Hier stond vroeger de automobielfabriek van Spijker. Maaskant stapelde de platte schijven niet zomaar lukraak op elkaar maar weekte ze van elkaar los, verdraaide ze ten opzichte van elkaar, waardoor hij een potentiële lompheid vermeed. Dat, gecombineerd met de witte beplating van de gevel, maakt Rivierstaete tot een daverend slotakkoord in het oeuvre van Maaskant, de meest Amerikaanse van de Nederlandse architecten.

Rivierstaete by Maaskant looks like drifting piles of ice, as if it is on the verge of falling into the river. The only thing one can hold against this overwhelming building is that it has been built smack in the middle of 1920s architecture, making it a bit of an outsider. This is where the Spijker car factory used to be. Maaskant did not simply pile flat layers on top of one another; he detached them and rotated them in relation to one another, thereby preventing the building from becoming too colossal. This, in combination with the white panelling of the facade, makes Rivierstaete the thunderous denouement in the oeuvre of Maaskant, the most American of all Dutch architects.

1973

Amsterdams Historisch Museum
Kalverstraat/Nieuwezijds Voorburgwal
B. van Kasteel

Geen moeilijker klus dan een historisch complex, in dit geval het Burgerweeshuis uit de 15de eeuw, een eigentijdse bestemming geven, en dat ook nog op een gevoelige plaats in de stad, rondom een kluwen van steegjes tussen de Kalverstraat en de Nieuwezijds Voorburgwal. Vijf eeuwen kijken je op je vingers. Van Kasteel klaarde de klus, hij draaide het in zichzelf gekeerde complex als het ware binnenste buiten, maakte van een steeg (de Gedempte Begijnensloot) een schuttersgalerij, en van dode hoekjes pleinen. Verbouwen is misschien wel de meest ondankbare opdracht voor een architect, want er was altijd iemand voor hem die de toon heeft gezet. Verbouwen betekent dienend zijn, en op het cruciale moment brutaal en zelfverzekerd. In het museum is precies aan te geven hoe en waar de architect op het slappe koord heeft gedanst en niet in het net is getuimeld. Twee Burgerweeshuizen telt Amsterdam nu, en beide laten zich niet meer van de kaart vegen.

Nothing is more complicated than giving a historic building - in this case a 15th-century orphanage - a contemporary function, especially on this precarious location in the city around a tangle of narrow lanes between the Kalverstraat and the Nieuwezijds Voorburgwal. Five centuries look down upon you. Van Kasteel succeeded in this task, turning the introvert building inside out as it were, transforming one lane (the Gedempte Begijnensloot) into a *schuttersgalerij* (a gallery containing paintings of Amsterdam's 17th-century militia companies), and turning quiet corners into cobbled yards. Renovating is perhaps the most unrewarding task for an architect, because there is always a predecessor who has already set the tone. On the one hand renovating means being subservient, but on the other it is often necessary to be bold and self-confident. In the museum one can exactly see where the architect successfully took the plunge. Amsterdam has two orphanages now, and both of them have successfully carved out a niche for themselves.

1974

Wijkcentrum Transvaal
Danie Theronstraat 2
P.B. de Bruijn & R. Snikkenburg

De Danie Theronstraat is een vriendelijk straatje in de Transvaalbuurt, voortuintjes, rustige gevels uit de jaren twintig. In 1975 spanden De Bruijn & Snikkenburg een stalen kabel over die straat. Dit klinkt onaardig, maar het gele poortgebouw heeft als effect dat de Theronstraat van een stoffig hofje een modern hofje is geworden. Poortgebouwen zijn in negen van de tien gevallen half geslaagd; geen straat, geen gebouw en ook geen poort. Maar de architecten hebben het luchtig gehouden, zowel voor, achter als onder het gebouw. Hoog boven de straat een stalen frame en op het maaiveld veel glas zodat de passant kan binnenkijken. Als iets de jaren zeventig ademt is het wel deze laagdrempelige, kleurrijke noot in de Transvaalbuurt, toen het buurthuis nog soosjaal sentrum heette.

The Danie Theronstraat is a friendly street in the Transvaal district, with front gardens and serene 1920s facades. In 1975 De Bruijn & Snikkenburg stretched a steel cable across the street. This may sound rather unkind, but their yellow gateway building transformed the Theronstraat from an old-fashioned courtyard into a modern one. In nine out of ten cases gateway buildings are only partly successful: they are neither a street nor a building or gate. The architects gave the building an airy feel at the front, the rear as well as underneath. High above the street is a steel frame and at ground level there are many windows, which allow passers-by to look inside. If ever there was a building that reflects the seventies it is this accessible, colourful gateway, which houses the District Centre Transvaal.

1975

Kantongerecht
Parnassusweg 200
B. Loerakker

Het beton is onontkoombaar in het Kantongerecht van B. Loerakker. Zelfs al ben je schoon van geweten en strafblad, je kunt niet om dat beton heen, want het hangt als een zware constructie boven je hoofd. Het geeft massiviteit aan de kolommen en het drukt de ramen bijna de gevels uit. Van veraf lijkt het een tamelijk rank gebouw, een ordening van witte kantoren, maar hoe dichter je het kantongerecht nadert hoe meer dat beton van zich doet spreken. Ongeschaafde delen, wisselend van dikte, afdrukken van touw in het beton dat uit de bekisting is gekomen: de constructie dicteert de structuur en de structuur dicteert de vorm. Nee, gezellig is het niet, maar moet terecht staan dan gezellig zijn?

One cannot avoid the concrete used in the cantonal courthouse building. Even if you have a clear conscience and a clean record, you simply cannot ignore it, for the heavy construction hangs over your head. It makes the columns more massive, and seems to push the windows out of the facades. From a distance this building - a composition of white office blocks - looks rather slender. However, the closer you get, the more the concrete becomes evident. Unpolished segments of various thicknesses, impressions of the rope used in the casting process: the construction dictates the structure while the structure dictates the shape. No, it's not pleasant by any means, but should standing trial be pleasant?

1976

Oudeschans 3
H.L. Zeinstra

Dit is geen grachtenpandje uit de 18de eeuw, nee, dit is op en top de 20ste eeuw. Vlakbij in de stad likte de Nieuwmarktbuurt zijn wonden na de rellen om de metro. Op de Oudeschans speelde Zeinstra met de ingrediënten die bij het conventionele grachtenhuis horen. Het staat scheef, het heeft een loze lijst, een hijsbalk in de nok en op het oog net zo'n indeling als de buren links en rechts. Maar het is wit, het is strak en vrij van decoratie waardoor het uit het rijtje naar voren springt. Trouwens, vrij van decoratie? Nee. Het feit dat de loze lijst soms met een erker is verbonden aan de constructie erachter en soms weer vrijstaat maakt het versierend. Maar dan wel op een heel ongebruikelijke manier.

This is not an 18th-century canal house, no, this is top of the line 20th century. The Nieuwmarkt district, close to the city centre, licked its wounds following the riots stemming from the construction of the controversial underground, while on the Oudeschans the architect Zeinstra toyed with the elements that make a conventional canal house. It leans forward, has a non-functional cornice, a hoisting hook on top and is subdivided just like its neighbours to the left and the right. However, this building is white, austere and has no decorations, which makes it stand out among the other houses. What's this, no decorations? No, the fact that the plain facade is connected at several points to the construction behind it and is sometimes free of it makes it decorative, but in a very unusual way.

1977

Hubertushuis
Plantage Middenlaan 33
A.E. van Eyck

Geen groter contrast dan tussen de witte Bijlmerbajes uit 1978, aanvankelijk een soort hotel, later meer een stuk horizonvervuiling, en het Hubertushuis uit hetzelfde jaar. Een gebouw in de kleuren van de regenboog voor wat ooit 'gevallen vrouwen' heetten. Niet op de stoep gevallen, overigens. Het Moederhuis, in de jaren zeventig een onderkomen voor ongehuwde moeders, harmonieert in volume en hoogte met de deftige buren uit de 19de eeuw, maar is recalcitrant in zijn kleuren en indeling. Trappen, terrassen en passages, maar ook cirkels, octagonalen en rechthoeken voorkomen saaiheid en waarborgen intimiteit die nodig is met zoveel uiteenlopende bewoners.

No greater contrast exists than between the white Bijlmer prison of 1978, at first a kind of hotel, and later a pollution of the skyline, and the Hubertushuis built in the same year. The Hubertushuis with its rainbow colours was once a home for 'fallen women'. And I'm not referring to fallen on the doorstep. The Mothers' House, in the seventies a refuge for unmarried mothers, harmonises - both in terms of height and volume - with its prominent neighbours dating from the 19th century. Nonetheless its colours and components are recalcitrant. Steps, terraces and passages, but also circles, octagons and rectangles dispel monotony and assure the intimacy that is required with so many different inhabitants.

1978

Weteringschans 26-28

F.J. van Gool

Verguisd zijn ze. 'Peper- en zoutstel' werd de bijnaam die zou uitgroeien tot geuzennaam. Schrijver Gerrit Komrij kwam woorden tekort om deze moderne indringers in de chique rand langs de Singelgracht te verketteren. Nieuwe lelijkheid dan wel doodskoparchitectuur. Het was ook even wennen, dat deze twee de vervangers waren voor statige villa's die door Carel Willink nog op doek waren vastgelegd. De tijd heelt alle wonden en wat blijkt, de villa's zijn gerijpt. Ze vervelen niet, en dat is een compliment in de lawaaistad. Een twee-eiige tweeling. Het komt door dat beheerste volume, door de manier waarop sokkel en bovengelegen etages een kwart ten opzichte van elkaar gedraaid zijn en door de verspringing in de gevel. Geen peper- en zoutstel maar twee lichtknopjes die het licht hebben aangedraaid.

These office blocks have been reviled. Nicknamed 'salt and pepper pots', they soon endeared themselves to Amsterdammers. Writer Gerrit Komrij could not find words strong enough to revile these modern intruders into this distinguished area of the Singelgracht. 'new ugliness' or 'death's-head architecture'. It took time to get used to the fact that these buildings had replaced the stately mansions once painted by Carel Willink. But time heals all wounds, and sure enough the villas matured. With the passing of time these fraternal twins are no longer dull, and that's a compliment in this noisy city. The reason for this is their subdued nature, the way the base and the floors above are turned at a quarter angle to each other, and the cantilevered facade. In fact these buildings are not salt and pepper pots at all, but two switches that have turned their light on for the world to see.

1979

Amsterdamse metro

P.H. van Rhijn & B. Spängberg

Bijna honderd jaar na Parijs en Londen kreeg Amsterdam in de 20ste eeuw zijn metro, een achterstand die nooit meer kan worden ingehaald. Ter compensatie moest er een architectuur voor worden uitgevonden. Spängberg &Van Rhijn deden dat door traps- gewijs oplopende entrees, een soort boekensteunen in de straat, met een niet te missen kleur oranje als aandachttrekkend element. Hoewel de opvattingen over toegankelijkheid, sociale veiligheid en openbaarheid zijn veranderd, is de Oostlijn verankerd in de stad, met rellen ingehaald en later stilzwijgend aanvaard. Wellicht heeft die Amsterdamse weerstand de metro zo'n stevig gezicht bezorgd, zo stevig dat je er een spuitbus op wil richten.

Amsterdam only got an underground in the 20th century, almost a hundred years after Paris and London. Since there's no chance of it catching up, it's been given a distinctive style of architecture as compensation prize. Spängberg & Van Rhijn did this with step- ped entrances, like bookends in the street, in an unmistakable eye-catching orange. Although notions such as easy access, safety and public space have changed, the East Line is rooted in the city. Greeted with riots, it has become tacitly accepted by now. Perhaps the typical Amsterdam opposition to its founding has given it a face all its own, so distinctive that you can't help wanting to point a can of spray paint at it.

1980

Palmdwarsstraat
A.E. van Eyck & Th.J.J. Bosch

De stadsvernieuwing is haar zegetocht begonnen in de Jordaan op een moment dat het gevaar voor algehele sloop vanwege stedelijke doorbraken geweken was. De kruip-door-sluip-door wijk vroeg om chirurgen met pincetten. Van Eyck & Bosch waren de juiste architecten op de juiste plek, de Palmdwarsstraat. Lieten ze zich inspireren door dat 18de-eeuwse hoekpandje waarvan de ingang op de hoek ietwat inspringt? Waarschijnlijk. Ook zij legden het accent op de hoek waar de trappenhuizen en de voordeuren van de winkels ontspringen. Terwijl de latere stadsvernieuwing het zocht in franje en trespa (punaise-architectuur), is dit blokje terughoudend, afgezien van de blauwe en grijze kozijnen. En vooral licht en open, waardoor de Jordaan weer een leefbare straat terugkreeg. Amsterdam kreeg op dat moment het grootste ziekenhuis van Europa: het AMC.

Inner city renewal began its triumphant march in the Jordaan district just after the danger of general demolition due to urban breakthroughs had been averted. This higgledy-piggledy neighbourhood called for surgeons with forceps. Van Eyck &Bosch were the right architects for the right place, the Palmdwarsstraat. Were they inspired by that 18th-century corner premises, with a slight recess in the entrance on the corner? Probably. They also emphasised the corner where the stair wells and shop front doors originate. While Trespa and trimmings ('pinpoint' architecture) have been so typical a feature of latter-day inner-city renewal, this block is self-effacing, except for the blue and grey window frames. And above all it is light and open, so that the Jordaan has got one liveable street again. Just at the moment that Amsterdam also got the biggest hospital in Europe: the AMC.

1981

IJplein
OMA (R.L. Koolhaas)

Eerst waren er de scheepsbouwers van de ADM, daarna kwamen er clowns - één zomer, die van 1980 - en toen was het de beurt van de stedenbouwkundigen (OMA van Koolhaas). Ze lieten de binnenhaven dempen, egaliseerden de scheepswerven en brachten er bewoners, in pastelkleurige *urban villas* (die term deed hier voor het eerst zijn intrede), in langgerekte blokken loodrecht op het IJ gericht. Het is niet zozeer de architectuur als wel het open weefsel dat een tuinstad heeft opgeleverd die je in deze vorm zelden aan het ruime sop aantreft, en al helemaal niet aan het IJ. Een groenstrook in het midden scheidt de meer stedelijke westzijde van de meer dorpse oostkant. De mensen die er wonen en wandelen hebben met elkaar gemeen dat ze blijvend genieten van de zichtlijnen op de oude stad met zijn silhouet van Centraal Station en Nicolaaskerk.

First came the shipbuilders of the ADM (Amsterdam dry docks company); then came the clowns of the Festival of Fools - swallows for one summer, that of 1980. After that it was city development time, with Koolhaas' OMA. OMA had the harbour filled in, levelled the docks and imported the first inhabitants, in pastel-coloured *urban villas* (the term was coined here), in elongated blocks at right angles to the IJmeer. It's not so much the architecture as the open weave that has given rise to a garden city that you hardly ever see in this form on the water, let alone on the IJ. There is a green strip in the centre that separates the more urban west side from the village-like east side. Sunday strollers and local residents share a special treat here: the splendid views of the old city with the silhouette of Central Station and the Nicolaaskerk.

1982

Amsterdamse Montessorischool & Willemsparkschool
Apollolaan/Willem Witsenstraat
H. Hertzberger

De schoolmeester van Nederland en dus ook van Amsterdam heet H. Hertzberger. Wat leert hij de kinderen? Klimmen. De trap lijkt de sleutel in zijn scholen. In de Amsterdamse Montessorischool is dat een buitentrap die overgaat in een bordes en die binnen - in de hal - ook weer dienst doet als tribune bij voorstellingen en speciale gelegenheden. Open en besloten, openbaar en privé, dat spel speelt Hertzberger in die witte school in Zuid: er zijn nisjes in de gangen waar de leerlingen kunnen werken, een vrijstaande werktafel met fonteintje verdeelt het lokaal in twee helften, in twee sferen. Het is een school die uitnodigt tot ontdekkingstochten en tot avontuur, wat zou je tot je twaalfde nog meer wensen?

Holland has a schoolmaster and his name is Hertzberger. What's his subject? Climbing. The secret of his schools is the stairs. In the Montessori School it is an outside one ending in a landing, which continues inside - in the hall - where it serves as a stage for performances and special occasions. Open and closed, public and private - that's Hertzberger's game in this white stone school in Amsterdam-Zuid: there are niches in the corridors where the pupils can work; a free-standing working table with drinking fountain splices the space into two halves, two different realms. It is a school that invites one to exploration and adventures; what more could a kid under twelve want?

1983

2ᵉ en 3ᵉ Wittenburgerdwarsstraat
A.W. van Herk & S.E. de Kleijn

Het adagium 'in het land der blinden is éénoog koning' gaat op voor Kattenburg en Wittenburg. Vooral in de jaren zestig en zeventig is de eilandstructuur met zijn werfjes en bedrijfjes platgewalst door liefdeloze blokken grintbeton. Huilbui over Amsterdam. Het postkantoor en woningblok van Van Herk & De Kleijn laat door zijn langwerpige vorm het zicht vrij op het water. De zuidkant ademt met zijn tuintjes, balkons en veranda's de sfeer van de voorstad. De trappen en voordeuren zitten aan de noord-kant, zo geeft het blok aan twee kanten leven aan de straat.

In the country of the blind the one-eyed man is king - this proverb is certainly true for Kattenburg and Wittenburg. In the 1960s and 1970s in particular the structure of the island with its wharfs and small businesses was mown down and replaced by unlovely blocks in gravelled concrete. Tears rained down on Amsterdam. The long block with post office and flats by Van Herk & De Klijn leaves the view of the water free. The south side with its little gardens, balconies and verandahs has a suburban atmosphere. The stairs and front doors are on the north side, so the streets are alive on both sides of the building.

1984

P.C. Hoofthuis
Spuistraat 134
Th.J.J. Bosch

Nooit blijft de herinnering bewaard aan wat er stond. Het nieuwe beeld drukt het oude de vergetelheid in. Hier stond volgens de boekjes de Twentsche Bank, maar hoe zag die er ook al weer uit? Voordat de universiteit aan de Singel (het Singel, zegt Amsterdam) neerstreek was het een van de fraaiste gaten. Alsof de binnenstad even bij zich liet binnenkijken . Een soort open-hartoperatie. Bosch heeft het gat gemaasd met genoeg transparantie om die herinnering levend te houden. Ritmisch correspondeert het 100 meter lange pand met de maat en ordening van de grachtenpanden, alleen het materiaal - glas en beton - is typisch jaren tachtig. Zo ook de openheid, met vides, passages en glazen erkers. Zo open als de universitaire democratie toen nog wilde zijn, totdat de nachtvlinders van de stad daar ook van wilden profiteren.

When a building has been demolished we soon forget what stood there. New images drives the old ones into oblivion. Once, it is written, this was the site of the Twentsche Bank, but, no matter how hard you try, you cannot remember what it looked like. Before the Liberal Arts Faculty of the UVA (Amsterdam University) alighted here, it was a splendid hole. As though the inner city was taking a look at itself, a sort of open-heart operation. Bosch has sewn up this hole, while leaving it transparent enough to keep the memory alive. In terms of rhythm, the 100-metres long building corresponds to the lay-out and measurements of the canal houses; the materials however - glass and concrete - are typical of the 1980s. So is its openness, with voids, passages and glass bays. It is as open as university democracy claimed to be then, until the city's night prowlers started taking advantage of it.

1985

Entrepotdok

J. van Stigt

Hier lagen begin 1800 de goederen van overzee opgeslagen voordat er rechten en accijnzen over moesten worden betaald. Daarna konden ze hun weg vervolgen op de binnenlandse markt. Nu is dit het grootste bewoonde pakhuizencomplex van Amsterdam, achter gevels met namen als Veendam, Winschoten, Zierikzee en Weesp. De architect Van Stigt wist tal van 19de-eeuwse monumenten voor de stad te behouden door ze een nieuwe bestemming te geven. Hier sneden ze de soms 40 meter diepe pakhuizen doormidden, zodat het open hart een hof werd, en rangschikten daaromheen sociale woningbouw met een prettige maat en een historisch aanzien. In de souterrains namen bedrijfjes hun intrek, terwijl winkels en buurtcentra neerstreken in de dwarsstraten. De levendigheid van twee eeuwen geleden is teruggekeerd achter de eindeloze dikke bakstenen muren.

In the early 1800s customs and excise duties were levied on overseas goods here. Only then could they enter the Dutch market. Now the building is the largest occupied warehouse complex of Amsterdam; the facades have names of Dutch towns - Veendam, Winschoten, Zierikzee and Weesp. The architects have succeeded in preserving numerous 19th-century city monuments by giving them a new function. They have cut the sometimes 40-metres wide warehouses down the middle, making courtyards in their open heart and arranging public housing around them; the scale is pleasing and it has a historical feeling. The basements serve as premises for small businesses, while shops and neighbourhood centres have found a home in the side streets. Behind these endless, massive brick walls, the vivid life of two centuries ago has returned.

1986

ING-Bank

Hoogoorddreef

A.C. Alberts & M. van Huut

Het Muziektheater verscheen in 1987 op het toneel, na een opera die zo lang had geduurd dat de stemmen niet meer fris klonken. In dat jaar werd zes kilometer zuidwaarts een spektakelstuk opgevoerd, dat de verbleekte Stopera 'versloeg': de NMB (later ING-) bank. Architecten konden de draak van de Bijlmer niet waarderen, het publiek nam dit zandkasteel (de meest gebruikte bijnaam) onmiddellijk liefdevol op. De antroposofische architectuur komt het best tot haar recht in de meanderende gangen waar het water, dat natuurlijk als regenwater van het dak is opgevangen, over trapleuningen klatert. Waar trappenhuizen in het warmste geel en versierd met koperen platen het parcours onderbreken. Zoiets als het huis uit *Psycho,* maar dan een stuk vriendelijker.

The opera house finally arrived on stage in 1987; as though the opera had gone on so long that everyone's voice was hoarse. In the same year, but six kilometres further south, a spectacle was being put on that has made the Stopera pale with envy: the construction of the head office of the NMB (presently ING) bank. Architects have never shown a proper respect for the monster of the Bijlmer; but this 'sandcastle' (its most popular nickname) won the hearts of the general public in no time. Anthroposophic architecture celebrates its triumph here in meandering corridors where the water, collected naturally as rain water from the roof, splatters over the banisters. Where stairwells in a glowing yellow adorned with copper plates interrupt the concourse. Something like the house in *Psycho*, but far more friendly.

H. Kropplein
L.L. Lafour & R. Wijk

Van een gesloten stuk stad, waar tot het begin van de jaren tachtig alleen slachters, slagers en veehouders kwamen, waar de weeë lucht hing van kadavers, en waar het koffiehuis het vroegst open was van de hele stad, naar een open woonwijk. Een aangenaam lichte wijk op het oude slachthuisterrein, waaraan de architectuur van Lafour & Wijk een bijdrage levert. Het is de pastelkleur van de *urban villas,* het ronde dakoverstek, de kolommen waarop de kop van het gebouw rust, maar het is vooral de stedenbouwkundige opzet. Hoog wordt afgewisseld met laag, speelstraat met autoweg. De oever is een kade geworden waar men zijn parasol neerzet. Op het Hildo Kropplein wordt geflaneerd. Opmerkelijk hoe de rauwe achterkant van de stad een charmante voorkant kan worden.

From an isolated part of the city, where till the start of the 1980s the only people you saw were butchers, slaughterers and cattle-breeders, where the sickly smell of carcasses overwhelmed you and where the coffee shop was the earliest open in the city - to an airy housing estate. A pleasant, light-filled estate on the site of the former abattoir, with the architecture of Lafour & Wijk as a special contribution. It is special for the pastel colour of 'urban villas', the circular roof overhang, the columns on which the head of the building leans; what really makes it, however, is the planning concept. High and low are alternated, traffic-free walks and highway. The canal banks have become a promenade planted with parasols. On the Hildo Kropplein people saunter at sundown. It's remarkable how the seamy nether side of a city can be turned into a charming front side.

1988

Droogbak
Haarlemmerhouttuinen
R.H.M. Uytenhaak

Er staat een Januskop langs de spoorlijn Amsterdam-Haarlem. Vanuit de trein weert het hoofd zich af, met schuin geplaatste glazen schermen, maar wie om het gebouw heenloopt ziet een vriendelijk gezicht. Een eigentijds hofje bijna, met woningen die overgaan in tuinen. Het harde noorden wordt gecompenseerd door het zachte zuiden in de Droogbak. Toen die smalle strook grond nog onbebouwd was, had niemand gedacht dat je op die onmogelijke plek kon bouwen; alleen al de hoeveelheid decibellen sluit woongenot uit. Uytenhaak bedacht een gebouw als een geluidsscherm, met sterke verticale lijnen. Een licht gebogen vorm, alsof de Droogbak in zijn schulp kruipt. 'Niet met de deuren slaan', staat er op de kop. Heel toepasselijk, die titel van het liedje van Annie M.G. Schmidt, want in een gebouw dat zoveel moeite doet het geluid te weren, kan een extra klap er niet meer bij.

There's a Janus head along the Amsterdam-Haarlem railway line. Seen from the train, it turns away from you, showing only its slanting glass screens, but if you walk round the back, you see that the building has a friendly face too. It's a kind of end-of-millennium courtyard, with dwellings that evolve into gardens. The hard north is compensated here with a soft southern feeling in Uytenhaak's Droogbak design of 1989. When this narrow strip of ground was still empty no one could have dreamed anything could be built on it; if nothing else, the decibel volume made it impossible to imagine it being a pleasant spot to live. Uytenhaak invented a building that was its own sound wall, with sturdy vertical lines. A slightly curved form as though the Droogbak was crawling into its own shell. *Niet met de deuren slaan* ('Don't bang the doors') is the inscription on the head of the building - the title of a famous song by Annie M.G. Schmidt. Because a building where so much effort has been made to keep the noise at bay shouldn't have to suffer any hard knocks.

1989

Nissan
Joh. Huizingalaan 400
ZZ & P

Toen het in aanbouw was, was dit gebouw het intrigerendste karkas dat er sinds tijden te zien was. Zodra het klaar was, was het een bewijs dat er in Nederland snelwegarchitectuur kon worden gemaakt. Snelwegarchitectuur is de fastfood onder de gebouwen. Ze zien er flitsend uit, vragen kortstondig aandacht van de voorbijracende automobilist en hebben minstens één detail dat op het netvlies achterblijft. Het Nissangebouw heeft er twee, de glazen pukkel die uit het hoofdgebouw steekt, en die merkwaardige lage schuine doos die er los voorstaat. Het is twee halen één betalen, daar langs de A4, wat ook hoort bij de fastfood-cultuur. Het gebouw heeft ook de passende kleuren: mintgroen, oranje en rose, maar de hamvraag luidt: wanneer kleedt Nissan zich weer uit, zodat dat skelet in zicht komt?

During construction, this building was the most intriguing carcass in years. But after delivery it was proof that expressway architecture could be built in Holland. It is the architectural equivalent of fast food. Buildings that flash by, catching the drivers' short-span attention and leaving at least one detail stamped on your eyeballs. The Nissan building has two, the glass pimple that sticks out of the main building, and the curious low free-standing sloping box in front of it. It's two for the price of one, on the A4 - but that's what fast food is all about. It's in the right colours too: mint green, orange and pink, but the million-dollar question is: when is Nissan going to take her sexy clothes off so you can see her lovely frame?

1990

Indonesia Bank
Stadhouderskade 84
J.J.H.M. van Heeswijk

Het is onvermijdelijk verwantschap te zien tussen de Geïllustreerde Pers van Merkelbach & Stam, en de Indonesia Bank van Van Heeswijk; broertje en zusje aan de Stadhouderskade. De bank van Van Heeswijk gaat door waar Merkelbach & Stam ophielden, nog meer lucht en licht, een adembenemende vliesgevel met sterke horizontale stroken, en om die luchtigheid te versterken nog een glazen liftschacht naast de entree en een glazen luifel erboven. Ja, de bank laat graag bij zich binnen kijken. Maar het vreemde is dat je met zoveel glas niet eens durft te gluren, het is de onverbiddelijke confrontatie met een naakt. Naakt ja, want er is geen spiegelglas noch bakstenen wandje. En naakt, weten we, is geen namaak.

The similarity between the Illustrated Press building by Merkelbach & Stam, and the Indonesia Bank by Van Heeswijk is unmistakable; they're alike as two peas on the Stadhouderskade. Van Heeswijk's bank building continues where Merkelbach & Stam's leaves off, with even more light and air. There's a breathtaking curtain wall with strong horizontal strips and, to make the structure even more airy, there's a glass lift shaft next to the entrance and a glass canopy over it. Yes, the bank likes people to look inside. But the strange thing is that with all that glass you hardly dare spy on it; somehow it's hard to look at someone who is naked. Naked, yes, because there is no mirror-glass or brick wall. And if you're naked, you can't fake anything.

1991

Park Haagseweg
L. Armstrongstraat
Mecanoo

Een enorm langwerpig flatgebouw dat met zijn poten in een gracht staat biedt rug-dekking aan een laagbouwwijk. De andere beschermheren zijn een viertal woontoren-tjes met een trapsgewijze opbouw. Daarbinnen is een oase ontstaan van wit gestucte blokjes met een bakstenen plint, waar de straten swingender zijn - met de namen van Chet Baker en Count Basie - dan het leven doet vermoeden. Hier wordt in een woonerfmilieu uitgerust van een zware werkdag. En de architectuur mikt op een geo-metrische rust waarvan de strakke lila of gele erkers boven de voordeuren het sym-bool zijn. Via een smalle glasstrook kunnen de bewoners vanuit die erker de voordeur van de buren in de gaten houden. Als Betondorp en de Weissenhofsiedlung niet had-den bestaan, was Park Haagseweg de uitvinding van de eeuw geweest. Nu is het een waardige follow-up voor het beste wat de woningbouw van de 20ste eeuw te bieden heeft.

An enormous long block of flats with its feet wading in a canal, giving protection to a low-rise estate. The other guardians are four small tower blocks with a stepped structure. Inside an oasis has been created with white stuccoed blocks with a brick plinth, where the streets are more swinging - Chet Baker and Count Basie, they're called - than one would think life there is. It is a residential enclave to relax in after a hard day's work. And the architecture aims for a geometrical repose, symbolised in the tight little bays in lilac or yellow over the front doors. From these bays and through a narrow strip of glass, the residents can keep an eye on their neighbour's front doors. If Betondorp or Weissenhofsiedlung had never been built, Park Haagseweg would have been the inven-tion of the century. Now it is a worthy follow-up for the best that 20th century public housing architecture has to offer.

1992

Eurotwin
Papaverweg/Korenaarstraat
F.M. Claus & C.H.C.F. Kaan

De huid van de Eurotwin-torens lijkt net zo dun als de plankjes waarmee de gevel bekleed is. Plankjes, geïmpregneerd met lijnolie, die naadloos overgaan in of aansluiten bij de glasstroken. De dragende kolommen bevinden zich dan ook een halve meter naar binnen. Dat hout verwijst naar de traditionele houten touwslagerijen in de Zaanstreek, maar die zagen er wel robuuster en vooral groen uit. Claus & Kaan zijn de architecten van deze verzameling bedrijfsgebouwen in een rommelige omgeving van loodsen, werkplaatsen en werfjes. Architectuur is in de regel voor dergelijke terreinen nog niet uitgevonden. Daarom vallen deze twee duifgrijze torentjes met laagbouw voor werkplaatsen en garages op, als eerste zwaluwen die hopelijk zomer brengen in het havengebied.

The skin of the Eurotwin towers looks as thin as the planks cladding the front. Narrow planks, soused in linseed oil that fit in seamlessly with the glass strips. The structural pillars then are only half a metre inside. The wood is an allusion to the traditional ropemakers' buildings in the Zaanstreek, just outside Amsterdam - although the latter were much more sturdy and usually painted green. Claus & Kaan are the architects of this complex of company buildings in an untidy setting of sheds, workshops and docks. As a rule architecture is something that has yet to be invented in places like this. That's why these two pigeon-grey towerlets with low-rise structures for workshops and garages are real eye-catchers, like early swallows, hopeful tokens of summer in the docks.

1993

Piraeus

KNSM-laan

H. Kollhoff & Ch. Rapp

Als een reusachtig putdeksel waar de regen zich naar het laagste punt laat voeren, zo voert het dak van Piraeus het water omlaag richting binnenhaven. Staat daar uitgerekend een monument uit het KNSM-verleden dat behouden moest blijven. Van de regen in de drup dus. *Piraeus* van Kollhoff & Rapp is een compromisloos monstrum dat van binnen naar buiten is gedacht. Wintertuinen, galerijen en balkons die op onverwachte plaatsen uit de roodbruine wand steken, laten zien dat er toch nog leven is achter dat strenge uiterlijk. 'De belangrijkste taak van de architect in deze tijd is de mens een gevoel van degelijkheid en continuïteit te geven', sprak Kollhoff. Die krijgen ze in een burcht met wonderschone accenten als de kersenhouten deurlijsten en de dunne loggiaramen die naar buiten worden opengeklapt.

Like a giant manhole cover where the rain drips down to the lowest point, the roof of Piraeus sends the water in the direction of the port. Just where a monument of the KNSM's past stands that's on the preservation list. It never rains but it pours. *Piraeus* by Kollhoff & Rapp is an uncompromising monstrosity conceived from the inside out. Winter gardens, galleries and balconies, jutting out of the reddish brown wall at unlikely spots, are evidence there's something alive behind that severe-looking exterior of this housing block. The chief task of the architect in our times is to convey a sense of propriety and continuity, said Kollhoff. And that's what we get, in a stronghold with lovely accents like the cherrywood door frames and thin window frames folded open towards the outside.

1994

Nieuw Sloten
Zelzatestraat/Lokerenstraat
H.J.M. Ruijssenaars

Uit het boeket van Nieuw Sloten zijn de wit gesausde huizen van Ruijssenaars de bloemen die het langst stand houden. Het gebogen dak met de glazen stenen eronder en de gele stenen als versiering rond de ramen bepalen het ritme in de straten en het plantsoen, met portieken voor de hoekwoningen en 'poortwoningen' in de dwarsstraten, die met pergola's aan de hoofdstraten zijn verbonden. Dode hoeken en loze gevels zijn vermeden. Daardoor zijn de achtertuinen niet meer oncontroleerbare 'achterommetjes', maar besloten binnenhoven. En die hebben hun waarde bewezen in het Amsterdam-Zuid van Berlage. Waarom het wiel opnieuw uitvinden als de doos met erfstukken al zo rijk gevuld is? Maar om het lekker even anders te doen, staat daar een rond torentje midden op het fietspad, dat zijn poot oplicht voor het langzame verkeer. Een eigenwijze, vreemde eend in de bijt, als om te laten zien dat navolging niet hetzelfde is als na-apen.

In the Nieuw Sloten bouquet the whitewashed houses of Ruijssenaars are the flowers that last longest. The curved roof with glass bricks underneath and the yellow bricks as a decorative motif round the windows set the rhythm for the streets and the public gardens, with porches for the corner flats and 'gate houses' in the side streets, linked to the main streets by pergolas. Dead corners and wasted facades have been avoided. The result is that the back gardens are no longer chaotic 'back yards' but enclosed inner courts. They've proved their worth in Berlage's Amsterdam-Zuid. Why try and reinvent the wheel, when you've such a rich legacy anyway? But to do something different for its own sake, there's a little circular tower bang in the middle of the cycle path, lifting its leg as it were for the slow-moving traffic. It's a curious little fellow really; maybe all it's there for is to remind you that imitation is no plagiary.

1995

De Toekomst
Borglandweg 16-18
R.H. van Zuuk

Hier trappelt de toekomst van Ajax, maar ook van de architectuur. Over de kantine en kleedruimte liggen dakspanten als schillen over elkaar heen, die telkens een spleet vrijlaten waardoor er licht binnenvalt in de spelersspelonk. De kantine is het hart van het gebouw, te bereiken via een luie buitentrap of via een chique binnentrap, waarvan de treden zich voortzetten in het patroon van de lambrisering. Zo is er een poort ontstaan, die voor de voetbaljeugd bijna symbolisch moet zijn. Spelen bij Ajax, dat is al zo ongeveer de Olympus. Trainingscentrum De Toekomst van Van Zuuk is gedacht vanuit liefde voor het spel en het spel zelf. De tribune bestaat uit twee reusachtige doelpalen die het dak aanspannen. In het honk biedt de kantine zicht op de velden. En voor de jeugd die nog niet op dat veld mag, zijn er genoeg betonnen muren om een balletje tegen te trappen.

'Toekomst' means future, but it's not only Ajax's future that's jumping around impatiently here, but that of architecture as well. The roof joists above the sports hall overlap like the skins of an onion, but with a split every now and then, shedding light on the players' cavern. The canteen is at the core of the building, reached by an easy outside stair or a posh inside one; the steps repeat the pattern of the panelling. This gives rise to a portal, that cannot help but have a symbolic function for the young players. After all, Ajax is the Olympus of football. Van Zuuk's training centre De Toekomst is based on a love of football. The grandstand consists of two huge goal posts with the roof stretched over it. In the player's area the canteen looks out on the fields. And for the kids who've not yet qualified for that field, there are plenty of concrete walls to kick a ball against.

1996

New Metropolis
Oosterdok 2
R. Piano

De keus was tussen de Wozoco van MVRDV in Amsterdam Osdorp of New Metropolis van Renzo Piano in het Oosterdok. De keus viel op Piano, omdat hij ten eerste de Amsterdamse skyline heeft opengetrokken, ten tweede een baken toevoegde aan de stad, ten derde een technisch hoogstandje leverde op de bak van de IJtunnel en ten vierde een huls ontwierp voor een totaal nieuw museumconcept. New Metropolis lijkt, op de manier waarop het de steven het IJ insteekt, symbolisch voor het nieuwe elan van Amsterdam, dat het aandurft tegen de historische stad zo'n gebaar te maken. New Metropolis betekent een toevoeging, of je nu picknickt op de trappen en het verkeer onder je ziet verdwijnen, of je onderdompelt in de wereld van wetenschap en techniek.

The choice was between MVRDV's Wozoco building in the Osdorp area of Amsterdam and New Metropolis by Renzo Piano in the Oosterdok. Piano was chosen, first because he broke the Amsterdam skyline open, secondly because he gave the city a new landmark, thirdly because the result was a technical piece of wizardry over the IJtunnel and fourthly because he designed a shell for a completely new museum concept. The way that the stern of New Metropolis actually juts into the IJ basin is symbolic for Amsterdam's renewed thrust; making a gesture like that in defiance of the historical city is quite something. New Metropolis lives up to its name; whether you're picnicking on the steps watching the traffic vanishing in the tunnel below, or stepping inside and submerging yourself in the world of science and technology.

1997

Wilhelminaplein
A.W. Baneke en C.A. van der Hoeven

Je zou het een stuk gebak kunnen noemen waarbij je niet weet waar je moet beginnen te happen. In dat lekkere *red cedar,* het glanzende geribbelde aluminium of de aantrekkelijke paarszwarte stenen die soms even parelmoer lijken als de zon er op valt? Het woonblok van Baneke & Van der Hoeven is domweg appetijtelijk. En verzorgd. Wie met kolossale cijfers de nummers gezandstraald op de voordeur laat aanbrengen, kent de beslommeringen van de zoekende voorstad-bezoeker. Als er gedacht is aan een fietsenrek naast de voordeur, dat met een hekje van het trottoir is afgezonderd, tekent dat het inlevingsvermogen van de architect in de stedelijke weggebruiker. Het parkeerdek met daarboven de loggia's van de appartementen is een indeling die voor herhaling vatbaar is.

You might think of it as a piece of cake where you don't know where to take the first bite. The delicious red cedar, the shining corrugated aluminium or the luscious purple-black stones that glisten like mother-of-pearl when the sun falls on them? This block of flats by Baneke & Van der Hoeven is simply delicious. And it's a good piece of catering as well. Someone who sand-blasts colossal house numbers on front doors, knows the needs of people who are looking for a nest in the suburbs. That they have even thought of placing a cycle rack next to the front door, separating it from the pavement with a little fence, is proof that the architects feel for the urban road-user. The parking deck with the loggias of the flats above it is a design good enough to repeat elsewhere.

1998

Borneo en Sporenburg
West 8

Om de bevolkingsdichtheid in de straten van het Oostelijk Havengebied minder beklemmend te maken, schreef de stedenbouwkundige A. Geuze een paar richtlijnen voor: inpandig parkeren, privacy en een zo riant mogelijke binnenruimte. Stedelijke suburbia op een punt waar je ooit Emmeloord kon zien liggen. De eeuw eindigt vindingrijk, met patio's in pijpenlaatjes, met ingenieus vervlochten dakterrassen, met huis annex atelier. Wonen op de eerste etage, eten en werken op de begane grond. De baksteen en het (onbehandelde) hout hebben, in combinatie met dit stedenbouwkundige plan, de wijk tot een eenheid gemaakt. Er staat weer een puntwoning, scherp als een geslepen potlood, in de beste traditie van Amsterdam (Pijp, Jordaan). Maar wel een opengewerkte punt.

To make the population density in the streets of the Eastern Docklands less claustrophobic, the urbanist Adriaan Geuze laid down a couple of guidelines: indoor parking, privacy and as generous an internal space as possible. This is urban suburbia on a spot where you could once see as far as Emmeloord. The century is ending in ingenuity, with patios in long narrow spaces, with cleverly woven roof gardens, homes-cum-studios. Living on the first storey, eating and working on the ground floor. Brick and untreated wood, in combination with the urban master plan have forged this residential area into a harmonious whole. You get dwellings with sloping roofs again, but the point is sharp as a sharpened pencil, in the best Amsterdam tradition (Pijp, Jordaan). But it's an open point.

1999

Silodam

MVRDV/ A.J. & J. van Stigt

Op de valreep van de 20ste eeuw bouwden A. Van Gendt & F. Klinkhamer een graansilo met een sterk inwendig hart, zó sterk dat het decennia kostte om van de gemetselde schachten appartementen te maken. Het is symbolisch voor het Amsterdam van de 20ste eeuw; de haven is grotendeels weggetrokken, de scheepsbouw uitgestorven en de kades zijn gevuld met woningen. De Korthals Altes heeft zuidwaarts gezelschap gekregen van een zakelijk pakhuis, met de kreet 'Amandla' onder de nok, en daar komt dan aan de noordkant het gebouw van de 21ste eeuw bij, alsof er containers zijn gestapeld, een futuristisch en tegelijk *basic* ontwerp van MVRDV.

De Korthals Altes wordt verbouwd door het architectenbureau Van Stigt dat de laatste twee decennia van de 20ste eeuw meer monumenten van de ondergang heeft gered, zoals het Olympisch Stadion, de Posthoornkerk, het Entrepotdok en de Oranje Nassaukazerne. Het lijkt bijna onmogelijk van een burcht met sterke verticale geledingen een woonblok te maken en dat lukt dan ook niet helemaal, behalve onder het dak. Bij de verbouwing geldt het adagium *form follows function*: je moet een gebouw niet een kant uitdwingen waarvoor het niet geschapen is.

De woningen moeten dus ergens anders worden gerealiseerd en wel in de vooruitgeschoven post van MVRDV die als een containerschip aan de kade ligt afgemeerd. Het is een collage van wensen en behoeftes. Een eclectisch inkomensplaatje.

Uit het boek Farmax van MVRDV over dit nieuwe condominium: 'In tijden van een onzekere economie gaat het produceren van huizen steeds meer in fasen. Dat leidt tot kleine gebouwen die multifunctioneel moeten zijn en daarom algemeen in concept.' Waarom in plaats van die versnippering niet een gebouw dat alle soorten gebruikers bijeenbrengt onder voorwaarde dat ze niet van elkaar afhankelijk zijn. Een extreme verscheidenheid aan wensen, die wordt weerspiegeld in evenzoveel functies: woningen, kantoren, werkplekken, commerciële ruimtes, openbare ruimtes en zelfs recreatie en dat allemaal onder een dak.

Door ze op elkaar te stapelen, als een reusachtige lasagne, en door ze met allerlei binnenwegen met elkaar te verbinden, ontstaat er een microkosmos aan het IJ. Een verticale buurt dat desondanks het 'huis-met-tuintje-gevoel' wil opwekken.

Zo revolutionair als de 20ste eeuw begon met Berlage die in zijn Beurs de naakte waarheid liet zien, zo provocerend begint de 21ste eeuw, met deze utopische samenleving van MVRDV. Het is de wereld op zijn kop, alleen al door de bovenste etages niet exclusief voor de rijken te bestemmen. Want dat zou betekenen dat de rijken bovenop de armen zitten. Het zou, zo luidt de verantwoording in Farmax, een nieuwe vorm van apartheid zijn en die hadden we nu juist uitgevonden en afgeschaft in de 20ste eeuw.

Een collage van miniatuur-buurten aan het IJ is in essentie het logische vervolg op de individualisering in het wonen zoals dat begin jaren negentig gestalte kreeg. De persoonlijkheid uitgedrukt in het huis, dat kon omdat de welvaart mee hielp. Dit was ook mogelijk omdat de architectuur zich bevrijdde van een paar dogma's, waarvan de eerste standaardisering was en de tweede een rigide toepassing van het modernisme. Maar is minder wel meer? MVRDV's silo gaat een stap verder: meer is meer. De silo is niet functioneel maar superfunctioneel. Alleen al door het aan elkaar plakken van functies en behoeftes bezuinig je op mobiliteit, het vraagstuk van het *fin de siècle*. Wat overblijft is interne mobiliteit, en dat is waarschijnlijk de factor die een sociale coherentie in de silo zal bevorderen.

Het lijkt de boodschap van het nieuwe millennium te zijn: eenzaam maar niet alleen. Of: individueel maar niet apart. Naast de Korthals Altes waar op de grens van de 20ste eeuw nog graan werd gestapeld, zullen nu levensbehoeftes naast elkaar worden gelegd.

De silo leek de 20ste eeuw niet te overleven, hij herrijst in een nieuwe vorm in de 21ste eeuw.

2000

On the eve of the 20th century A. Van Gendt & F. Klinkhamer built a grain silo with such a pronounced internal character that it was decades before the brick shafts could be transformed into flats. It is a symbol of 20th-century Amsterdam; the port has largely vanished, the shipbuilding industry is extinct and the quaysides have been filled up with new housing. On its south side the 'Korthals Altes' building has got new company - a businesslike warehouse with the slogan 'Amandla' splashed on its top, while on its north side comes the 21st-century building; it looks like a pile of containers and is a typical MVRDV design - futuristic and basic at once.

The 'Korthals Altes' is presently being redeveloped by the architecture firm Van Stigt, which in the last two decades has saved many monuments from demolition, including the Olympic Stadium, the Posthoornkerk, the Entrepotdok and the Oranje Nassaukazerne. It seems almost impossible to transform a 'castle' with strongly vertical elements into a housing block, and indeed, it has not been completely successful, with the exception of the top floor. It seems appropriate to use the adage 'form follows function' here: one should not force a function upon a building that is unsuitable.

Thus, the dwellings should be realised somewhere else, namely in the protruding extension designed by MVRDV, which looks like a container ship moored alongside the quay. A collage of needs and desires. An eclectic Dutch income graph.

Farmax, a book by MVRDV, says about this new condominium: 'In times of economic uncertainty house building increasingly takes place in phases. This results in smaller buildings that have to be multifunctional and therefore general in concept'. Instead of this fragmentation, why not a building that houses all types of inhabitants but preserves their independence from one another? Many desires, reflected in equally many functions: dwellings, offices, workshops, commercial spaces, public spaces and even recreation, all under one roof.

Layering these spaces like a huge lasagne, and interlinking them by way of several internal routes results in a microcosm along the IJ. A vertical neighbourhood, which nevertheless wants to suggest a feeling of homeliness.

The 20th century opened revolutionarily, with Berlage's Exchange revealing the naked truth. The 21st century will open provocatively, with this utopian society by MVRDV. It's a world turned topsy turvy, if only because the top floors are not reserved just for the rich. Farmax argues that having the rich live on top of the poor would be creating a new kind of apartheid, which is what we had created and abolished in the 20th century.

A collage of miniature neighbourhoods along the IJ is in essence the logical extension of the individualisation of living that emerged in the early 1990s. One's personality could be expressed in one's house because of the high standard of living and the fact that architecture freed itself from two dogmas, the first being standardisation and the second rigidly applied modernism. But is less really more? MVRDV's silo goes one step further; more is more. The silo is not functional but superfunctional. By cementing functions and needs together one saves on mobility, *the* problem of the new *fin de siècle*. What remains is internal mobility, which is probably the factor that instigates social cohesion in the silo.

The message of the new millennium appears to be: lonely but not alone. Or: individually but not separately. Next to the 'Korthals Altes' building, where at the turn of the century corn was stored, the necessities of life will now be placed side by side.

The silo almost did not survive the 20th century; the 21st century will see its resurrection.

2000

Literatuurlijst/Further reading:

D'Ailly's historische gids van Amsterdam. G. Vermeer en B. Rebel. Den Haag, 1992

Americanism: Nederlandse architectuur en het transatlantische voorbeeld. H. Ibelings. Rotterdam, 1997

Amsterdam, an architectural lesson. M. Kloos. Amsterdam, 1988

Amsterdam architecture, 1991-93. red. M. Kloos. Amsterdam, 1994

Amsterdam architecture, 1994-96. red. M.Kloos. Amsterdam, 1997

Amsterdam architecture, a guide. red. G. Kemme. Amsterdam, 1996

Amsterdamse bruggen 1910-1950. W. de Boer en P. Evers. Amsterdam, 1983

De Amsterdamse School. M.Casciato. Rotterdam, 1991

'De Architect', jaargang 22, januari 1991, jaargang 22, september 1991

Architectuur en stedenbouw in Amsterdam. M.M. Bakker, F.M. van de Poll. Zwolle, 1992

Architectuur in Nederland. red. R. Brouwers, H. Ibelings en A. Oosterman. Utrecht, 1993

Atlas Sociale Woningbouw Amsterdam. F. Paulen e.a. Amsterdam, 1992

AUP 50 jaar. Amsterdamse raad voor de Stedebouw. Amsterdam, 1985

Baksteen in Nederland, de taal van het metselwerk. C.J.M. Schiebroek e.a. Den Haag, 1991

Hendrik Petrus Berlage: het complete werk. S. Polano. Alphen a/d Rijn, 1988

Van Berlage tot Bijlmer: architectuur en stedelijke politiek. W. Bolte en J. Meijer. Nijmegen, 1981

Betondorp, geschiedenis en renovatie. Stichting Wonen, 1987

Bouwheer en meester: de architectuur van kantoorgebouwen. G. Staal. Rotterdam, 1987

Van Bijlmermeerpolder tot Amsterdam Zuidoost. E. Verhagen. Den Haag, 1987

Willem Marius Dudok: architect-stedebouwkundige. H. van Bergeijk. Naarden, 1995

J. Duiker bouwkundig ingenieur: constructeur in stuc en staal. Red. P. Bak, A. Barnhard e.a. Rotterdam, 1982

FARMAX: excursions on density. Red. W. Maas, J. van Rijs. Rotterdam, 1998

Een Gat in de ruimte: Berlage's Mercatorplein en de reconstructie van een toren. R. Geurtsen, M. van Rooy. Amsterdam, 1991

Gids voor moderne architectuur in Nederland. P. Groenendijk en P. Vollaard. Rotterdam, 1998

Hans van Heeswijk architect. H. van Heeswijk. Rotterdam, 1995

Housing Design and society in Amsterdam: reconfiguring urban order and identity, 1900-1920.. N. Stieber. Chicago, 1998

Architectuur in Nederland. Jaarboek 1993-1994. red. R. Brouwers. Rotterdam, 1994

Architectuur in Nederland. Jaarboek 1994-1995. red. R. Brouwers. Rotterdam, 1995

Lafour & Wijk architects. Red. M. Kloos. Amsterdam, 1991

Ben Loerakker, architect: eerst structuur dan de vorm. J. Schilt, D. van Gameren. Rotterdam, 1996

Mecanoo, architecten. K. Somers. Rotterdam, 1995

De Moderne jaren vijftig en zestig. H. Ibelings. Rotterdam, 1996

Van neorenaissance tot postmodernisme: honderdvijfentwintig jaar Nederlandse interieurs. red. E. Bergvelt, F. van Burkom, K. Gaillard. Rotterdam, 1996

Nederlandse architectuur van de 20ste eeuw. H. Ibelings. Rotterdam, 1995

Nederlandse architectuur 1910-1930, Amsterdamsche School. Amsterdam, 1975

Het Nieuwe Bouwen. M. Bock e.a. Delft, 1982

Notations of Herman Hertzberger. H. van Bergeijk en D. Hauptman. Rotterdam, 1998

Ooit gesloopt Nederland. J. den Hollander. Amsterdam, 1985

Jan Rietveld. P. Salomons en S. Doorman. Rotterdam, 1990

Van der Mey en het Scheepvaarthuis. H. Boterenbrood en J. Prang. Den Haag, 1989

Paleizen van de 20ste eeuw. H. Hofland. Amsterdam, 1992

Hein Salomonson. R. Brouwers. Amsterdam, 1987

Saturday night at the movies; het grote Amsterdamse bioscopenboek. R. van Bueren. Oss, 1994

Stadsvernieuwingsgids Amsterdam: vooroorlogse wijken, toen en nu. I. Haagsma en H. de Haan. Amsterdam, 1985

Synagogen in Nederland. J. van Agt, E. van Voolen. Hilversum, 1988.

Rudy Uytenhaak, architect. T. Verstegen. Rotterdam, 1996.

100 jaar Bouwkunst in Amsterdam kwam tot stand op initiatief van de Kring Amsterdam van de Koninklijke Maatschappij tot Bevordering der Bouwkunst / Bond van Nederlandse Architecten (BNA).

An outline of Amsterdam Architecture since 1900 was an initiative of the Amsterdam members of the Royal Institute of Dutch Architects (BNA).

Uitgave en tentoonstelling werden mogelijk gemaakt door financiële bijdragen van de BNA kring Amsterdam, RABO Vastgoed BV en de SFB Groep.
Publication and exhibition have been made possible through financial support by the BNA Amsterdam, RABO Vastgoed BV and the SFB Groep.

Fototentoonstelling/exhibition Amsterdams Historisch Museum 1 juli 1999 - 2 januari 2000, met dank aan CAPI•LUX•VAK

© 1999 Jaap Huisman, Michel Claus, Jan Derwig, Ger van der Vlugt en Architectura & Natura.

Tekst Jaap Huisman
Translation Lodewijk Odé, Donald Gardner
Fotografie Michel Claus, Jan Derwig, Ger van der Vlugt
Vormgeving Thijs van Delden
Tentoonstelling Jeroen de Vries
Kaarten DRO-Vorm, Wim Baanders
Coördinatie Architectura & Natura
Productie drukkerij Mart.Spruijt bv

ISBN 90 71570 90 8

Selectiecommissie Rob Budding, Bart Duvekot, Freerk Hoekstra, Gerard Rosbach, Peter Sas, Frank Spoek, met dank aan Han van der Zanden [Bureau Monumentenzorg] en Ton Overtoom.

Architectura & Natura
Booksellers and Publishers
Leliegracht 22
1015 DG Amsterdam

info@architectura.nl
www.architectura.nl

Books published by Architectura & Natura are available from bookstores worldwide. Distributed outside the Netherlands by IDEA Books Amsterdam.

Tweede druk mede mogelijk gemaakt door:

ingenieursburo linssen b.v.
amsterdam

mogelijk • gemaakt • door

Rabobank

sfb groep

BNA